二松学舎大学ブックレット No.1

三島中洲入門

江藤茂博・町泉寿郎［編著］

［目次］

附録

大礼服姿の三島中洲（明治42年〈1909〉1月、80歳、二松学舎大学図書館所蔵）

第一部 「中洲講話」を読む

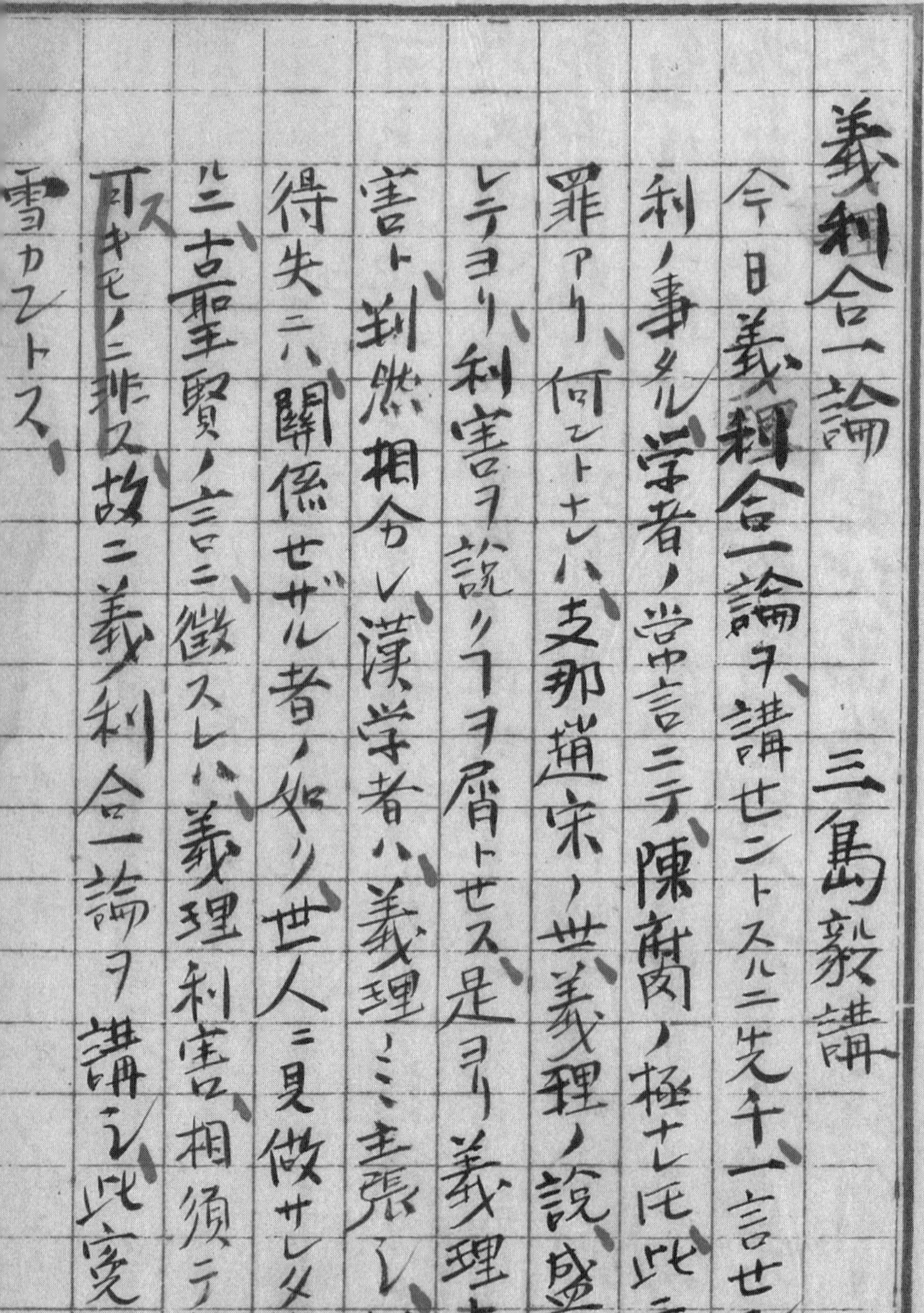

義利合一論　三島毅講

今日義利合一論ヲ講セントスルニ先チ一言セン義利ノ事タル学者ノ常ニ言ニテ陳腐ノ極ナレトモ此ニ一冤罪アリ何ントナレハ支那趙宋ノ世義理ノ説盛ニ行レテヨリ利害ヲ説クヿヲ屑トセス是ヨリ義理ト利害ト判然相分レ漢学者ハ義理ノミ主張シ利害得失ニハ關係セサル者ノ如ク世人ニ見做サレタリ然ルニ古聖賢ノ言ニ徴スレハ義理利害相須テ離ル可キモノニ非ス故ニ義利合一論ヲ講シ此冤罪ヲ雪カントス

『義利合一論』の三島中洲自筆原稿（冒頭部分、二松学舎大学図書館所蔵）

義《ぎ》利《り》合《ごう》一《いっ》論《ろん》

緒言

これから「義利合一論」を講演するに先だって、ひとこと申し述べます。「義理」（正しい道理）とは何かという議論は学者が常に口にし陳腐の極みですが、ここに一つの冤罪があります。それはどういう訳かというと、中国・宋代に義理に関する学説が盛んに説かれて以来、義理と抵触するものとして利害を口にすることをよしとせず、それから義理と利害がはっきりと分かれてしまい、漢学者は義理だけを主張して利害得失には関係しない者であるかのように世間からも見られるようになりました。しかしながら、古代の聖人賢人の言葉を調べてみると、義理と利害は相互依存関係にある切り離せないものであるので、ここに義利合一論（義と利が一致する）を講演して、利がこうむった冤罪をすすごうと思います。

義利と理気

そもそも、人間社会における義と利の関係は、自然界における理と気の関係になります。そこで最初に理と気から説明を始めましょう。青々と広がる天空には、万物を養い育てる大気が広がっているばかりです。この大気を太極とも言います。『漢書』(律暦志)には「太極とは元気であり、三つのもの(天・地・人)を包んでひとかたまりになっている」[1]とあり、かつその注釈に「太極とは天と地が分かれる前の元気が混沌とした状態のことである」[2]等とあることによって、古代の太極理解が知られます。宋代の儒者が太極を一つの理と解釈することは、後世の誤った解釈です。

聖人はこの一元気の中に自然に備わった「元・亨・利・貞」の四つの法則を見出しています。これは王陽明が言う「**理とは気の中の条理である**」という説と同じ考え方です。そうして、この理と気は、一つの物に対して指し示す場所によって呼び方が異なるだけであり、決して二つの物ではありません。これが陽明の言う「**理と気の一致**」です。宋代の儒者は、太極という一つの理から万物が生ずると考え、理と気には順序があり理が先であり気が後であると説いていますが、私はその解釈は採用しません。しかしながら、この理と気をめぐる議論は、道学者の間にさまざまな説があり、短時間にその詳細を解説することはできませんので、ここでは理気説に関する概要を示して、本演題の根拠とするにとどめておきます。

自愛心

さて、人間はこの万物を養い育てる気を受けて、先祖から子孫へと生命を伝えてい

(1) 原文「太極元気、函三為一。」
(2) 原文「太極謂天地未分之前元気混沌而為一。」

く存在ですから、その活動はただ全力で生きようとするものです。生きようとする以上、生を全うするために衣食住の利便性を求めるのは自然なことです。したがって、赤ん坊が生まれれば、直ぐに母乳を吸おうとするのは食を求める始めであり、寒ければ泣き着物を着せれば泣き止むのは衣を求める始めであり、地面に置けば泣き抱き上げれば泣き止むのは住を求める始めであります。それからだんだん成長して、性別がはっきりし恋愛感情を生じたり、財産や地位や名誉を望んだり、各人が利便性をさまざまに追求して互いに競争するのも、この生々の気があるからなのです。司馬遷が「富を求める心は人間の本性であり、学ばないでも誰もが欲するものである」(3)というのは、これを言っているのです。

また、この「生を欲し利を好む（生きたいと思い自分の都合のいいようにしたいと思う）」心とは、自分で自分を愛する心であり、決して悪いものではありません。孔子の言葉に「仁とは人間らしさである」(4)とあり、人の感情がそのまま仁であると言っておられ、孟子の言葉に「仁とは人の心である」(5)とあるのも同じ意味です。また顔回(6)の言葉に「仁の人は自分で自分を愛する」(7)とあり、揚雄(8)の言葉に「自分で自分を愛する心は仁の最上のものである」(9)ともあって、自分自身を愛する感情は自分自身を対象とする仁に他なりません。ただ自分自身への愛が過度になり、他人に損害を及ぼす場合には悪となるのです。

---

(3) 原文「富者人之情性、所不学而俱欲也。」『史記』貨殖列伝による。
(4) 原文「仁者人也。」『中庸』
(5) 原文「仁人心也。」『孟子』告子上篇
(6) 孔子の高弟。
(7) 原文「仁者自愛。」『孔子家語』三恕篇および『荀子』子道篇
(8) 前漢時代の学者・文人。
(9) 原文「自愛仁之至也。」『法言』君子篇による。

自愛心の拡充

ところで、この「生を欲し利を好む」自愛心は、自分一人だけでなく全人類、さらに全存在にいたるまで皆が等しく持っています。したがって、この点において全存在の心と私自身の心は同一であり、全存在の心が私自身に備わっていると言えます。孟子の言う「全ての存在が私に備わっている」[10]とはこのことです。そこで、「敢えて他人を思いやって行動すれば、仁を求めるのにこれより近いやり方はない」[11]と言っており、ただ自分自身の「生を欲し利を好む」自愛心を他人にも推し及ぼして、利得を独占せず共有するならば、孔子の言う「自分がしてほしくないことは他人にもするな」[12]という忠恕や『春秋左氏伝』に言う「他人と欲望と同じくする」[13]ともなり、突き詰めれば「博愛」とか「万物一体」とか言うような偉大な仁徳にまで至るのです。利得を他人と共有すれば、そこにおのずから自分と他人の境界もできて、自分の利得を保ちつつ他人に損害を与えないのです。これは古典に言う「利得がある時にはそれが道義に反していないか考える」[14]や「悪を羞じ憎む」や「恥を知る」というものであり、突き詰めれば人間社会の正しい道である「大義」になるのです。この「仁義」に従って欲望を追求すれば、世間で誰もこれを咎める人はなく、その利得を充足すること大きくかつ長続きします。

また、この「自分の身に引き比べて他人を思う」[15]〝忠恕〟の心は、もともと人が持っていないものを聖人が後から押し付けたものではありません。自分が生きたいと

---

(10) 原文「万物皆備於我。」『孟子』尽心上篇

(11) 原文「強恕而行、求仁莫近焉。」『孟子』尽心上篇

(12) 原文「己所不欲勿施人。」『論語』顔淵篇および衛霊公篇

(13) 原文「(求逞于人、不可。) 与人同欲、(尽済。)」『春秋左氏伝』昭公四年

(14) 原文「見利思義」『論語』季氏篇および子張篇

(15) 原文「推己及人。」『論語』衛霊公篇

思えば他人が死ぬのを悲しみ、自分が利得を好めば他人が不自由しているのを気の毒に思うことは自然なことです。古代の聖人賢人はこの人間の自然な心を拡充して、人間社会の福利厚生を計ろうとしただけなのです。その証拠には、『孟子』七巻中に長々と「仁義」を論じていますが、孟子が実際に政治に着手する場合には、ただ「五畝の広さの宅地の周りに桑を植える」[16]とか、「鶏や豚や犬や子豚を飼う」[17]とか、治める民衆に衣食住の利得を得させることを述べているに過ぎません。また、韓愈[18]は「原道」において道徳を論じて仁義仁義とやかましく言い立てますが、実際の政治を論ずる段になると「仁義」の文字は「生養」の文字に変わり、民衆の衣食住の世話をして生活困窮者まで面倒をみると述べているに過ぎず、ただ衣食住の利得を言うだけです。利得は自分一人で独占すれば他人に損害を与える悪虐に堕し、他人と共有すれば社会全体を利する「仁義」となり、手のひらを反すほどの違いであり、善と悪とに呼び名が変わるのです。

義と利の関係

このことから考えて、普通の人たちが自分自身の身を修める小事から、聖人がこの世の中を統治する大事まで、ただこの衣食住の利得を目的としないものはありません。だから、人間の世界はこの衣食住の利得があるばかりであり、利得の世の中であると言うことができます。しなしながら、その利得の中におのずから備わっている仁義と

(16) 原文「五畝之宅樹桑。」『孟子』梁恵王上篇

(17) 原文「鶏豚狗彘」『孟子』梁恵王上篇

(18) 唐代の文人、役人。「原道」はその著述で、儒学の「道」とは何かを論じている。

いう秩序に従わなければ、本当の利得を手に入れてその生命を全うすることができません。それはちょうど自然界における混沌たる大気も元・亨・利・貞の順序を踏まなければ万物を養い育むことができないのと同じです。したがって、**自然界の元・亨・利・貞は大気中にある秩序**であり、理と気が一致して互いに離れることなく、これと同様に**人間社会における仁義は利得中の秩序**であって、義と利は一致して互いに離れることなく、自然界と人間界に同一の理があると言うことができます。（ここまで仁義という二字を連呼してきましたが、義とは仁を実行して適切な状態を指す名称であり、仁は義の中に含まれているので、本演題に従って以下は単に義の一字を挙げて論ずることにします。）

そこでこれを中国古代の儒教経典に求めると、この義と利の関係について十分に論じているものは『易経』が一番です。そもそも『易経』とは「神道によって教化する」[19]という言葉の通り、聖人が占いの手法を借りて人々に災害を回避し利得に従うことを教えた書物であり、『易経』に「吉凶」とあるのはいずれも利害の事を指しています。また「行く先に良いことがある」「大きな川を渡ると良いことがない」などといずれの卦や爻[20]においても利害を説かないものはなく、その利害はいずれも卦や爻の中に含まれる徳義の作用から生じており、義と利が一致して互いに離れることがありません。その趣旨を一言でよく言い表している言葉が文言伝と繋辞伝のなかに二つあります。一つ目は文言伝にある「利は義の調和したもの」[21]です。和とは「ものごとが発現してほどがよい」[22]こととあり、衣食住を手に入れる際にどうあるべきかと自分の

(19) 原文「神道設教。」『易経』観卦象伝

(20) 爻は陰か陽の二通り、爻を三回組み合わせた八通り（二の三乗）が卦（八卦）。

(21) 原文「利者義之和。」『易経』文言伝

(22) 原文「発中節。」『中庸』

心のなかで見積もり、衣食住の上に発言した時にほどがよく、その衣食住を手に入れる道理と利得とが齟齬しないことを言うものです。「**利は義の結果**」と言うようなものです。したがって、義は必ず利が得られるはずのものであり、**利が得られない義は本当の義ではなく、また義に由らない利は**私利や浮利であって**本当の利ではありません**。もう一つは繫辞伝にある「精しく義を追求して高いレベルに到達すれば実際に役立つ。実際の役立ってその身の安定を得た人は徳が高くなる。[23]」という言葉で、これは心に義を精しく求めて神妙の域に入ればそれが外に発現して実際の衣食住が向上し、衣食住が向上してその身が安定すればますます心の中の徳も高くなるという意味であり、心の内と外、義と利の一致を説いたものです。王陽明が知と行の一致を説いて、「認知は行為の始まりであり、行為は認知の終わりである[24]」と言ったのと同様の言い方です。したがって、私は「**義は利の始まりであり、利は義の終わりである**」と言いたいと思います。

『詩経』に証拠を求めると、三百篇の詩の中で、男女の情愛と国の乱れを憂えた詩のほか多くは君子の幸福を祈った内容です。「めでたい君子、お幸せに[25]」といった詩句が枚挙にいとまがないほどです。君子とは義を守る人であり、それ故に福禄の利得を受けることができると言うのです。

『書経』に証拠を求めると、夏の桀王や殷の紂王が徳を修めなかったために天命を失い、殷の湯王や周の武王が徳を修めて天命を得たことなどを次々と記載して、徳を修

(23) 原文「精義入神、以致用。利用安身、以崇徳。」『易経』繫辞伝

(24) 原文「知者行之始、行者知之終。」『伝習録』巻上による。

(25) 原文「楽只君子、福履綏之」「君子万年、福禄宜之」「楽只君子、福禄申之」『詩経』

めることによって利得を得られるとし、天命を求めさせる訓戒が多く収められています。その中で、洪範篇に「その極致を建て、五つの幸福を集める」[26]とあり、「極致（有極）」を蔡沈の注釈では「義理の至極である」と解釈しているので、義のことであります。五福は言うまでもなく利得です。ただし「極致（有極）」と言うと目的のように見えますが、後文に五福があるので、最終的な目的ではなく、単に「道しるべ」のようなものと考えられます。義を道しるべとして目的とする五福を集めるのです。したがって、私は「**義は利の道しるべであり、利は義の帰着点である**」と言いたいと思います。

『大学』にも「徳があればそこに財産がある」[27]とあり、『中庸』にも「優れた徳を持つ者は必ずそれに見合う収入が得られる」[28]とあります。『論語』には「義でないやり方で裕福や高位を得ることは、私にとっては浮き雲のようなものだ」[29]とあり、孔子は道ならぬ方法で手にした利得を否定したけれども、「国に道が保たれていて、貧しく身分が低いことは恥である」[30]とも言っていて、義に則った利が得られないことは恥辱であるとされました。また子張が仕官する方法を質問した時に、言行を慎めば俸禄はその中に存すると答え、仕官の方法を教えており、仕官することを悪いとは決して言っていません。『孟子』にも「君子がその国に居れば、君主がそれを登用すれば、国が安定し富み栄える」[31]とあり、徳の有る君子を登用すれば国の繁栄という利得が得られると言っています。

---

(26) 原文「建其有極、斂其五福。」『書経』洪範

(27) 原文「有徳此有財。」『大学』

(28) 原文「大徳必得其禄。」『中庸』

(29) 原文「不義而富且貴、於我如浮雲。」『論語』述而篇

(30) 原文「邦有道、貧且賤焉恥也。」『論語』泰伯篇

(31) 原文「君子居是国也、其君用之、則安富尊栄。」『孟子』尽心上篇

これ以外の儒教経典やその注解を広く見渡してみても、利得を人間社会の究極的な目的としないものはありません。一方、宋代の儒者が「利得を好む者は小人、利得を好まない者が君子」と説くのは、人間の本来的な感情と食い違うものであり、これは人間の本来的な感情に根差した孔子・孟子の学問ではありません。だから、『荀子』に「利得を好み損害を嫌うのは君子も小人も共通するが、それを求める方法が異なる」(32)と説きますが、「異なる」とは義と不義の違いを言ったまでです。『韓非子』にも「人はだれしも財産や高位や長寿を望まない者はいないが、しかし貧困や卑賤や若死を完全に免れることができないのは、正しい路を見失い間違った行いをするからだ」(33)とあります。路とは義のことであり、韓非子は異端の学ですが、この言葉はよく聖人の趣旨に適っています。したがって、古代の聖人賢人の学問は、「義に基づいて利を求める」ことにあり、片時も義と利が互いに離れないことは明確なのです。

しかしながら、ここに困った一言があります。陽虎の言葉に「仁を行えば富裕にならず、富裕になると仁でなくなる」(34)とあり、利と仁義とは反対のように見え、ここまで長々と論じてきた義と利が一致するという説も破綻するかのようでありますが、実はそうではありません。陽虎が言う富裕は自分一人だけの私利私欲であり、私が言うところの皆と共有し永続する本当の利ではありません。『大学』に言う「道ならぬ手段で入ってきた財貨は、道ならぬ手段で出ていく」(35)、また『孟子』に言う「仁でない者は自分の危うい状態に身をゆだね、自分に禍いをもたらす者を利があると取り違え

(32) 原文「好利悪害、是君子小人之所同也。若其所以求之道則異。」『荀子』栄辱篇

(33) 原文「人莫不富貴全寿、而未有能免於貧賤夭死之禍者、失其路而盲行也。」『韓非子』解老篇

(34) 原文「為仁則不富、為富則不仁。」陽虎は春秋時代の政治家。

(35) 原文「貨悖而入者、亦悖而出。」『大学』

る」[36]ものでありますから、陽虎の財産も結局は長続きせずに失いました。したがって、陽虎の仁と富が相反するという言葉は目先の小さな算盤勘定による見方に過ぎず、『大学』『孟子』の言葉は永続する義と利を達観した大きな算盤勘定からの見方であり、結局のところ本当の義と本当の利が一致するものであることはますます明確なのです。ただし、これを実行する段になると、義と利について先後の順序と軽重を知らなければ、これを一致させることができません。

義と利の先後

義と利の先後の順序について言えば、**利を先にし義を後にせざるを得ません**。ただし本来的に言えば、義と利は一致していて先後があるはずはありません。試しに世間の人を見てみると、人々が衣食住の利得を求める際に、99％は自分の努力や節約によっており、言わば「義に基づいて利を求め」ているのです。略奪や窃盗や詐欺などの道ならぬ手段によって不義の利を手にする者は1％にも満たないものです。いま無教養な車夫でさえ、10銭支払う約束で乗った路程で急に1円を与えれば、とりあえず辞退することなく受け取る者は少ないものです。いわゆる「利得がある場合にそれが道義に反していないか考える」[37]ものであり、心に備わった自然な節度が発露しているのです。これは「人間の本性に従った道」と言えます。

したがって、普段は自然に任せておいても、大抵は義と利が一致し並行するものな

（36）原文「不仁者安其危、而利其菑。」『孟子』離婁上篇

（37）原文「見得思義。」『論語』子張篇

のですが、ただ困窮すれば道に外れ、或いは物欲に心奪われて欲心を起し、或は人が見ていない場所で怠慢になり、或いは重要な事態に際して義を守れず、または自分では義であると思って却って不義を行うことも多いものです。だから、聖人は人間の本性に従った道に基づきつつ、礼や法を作って人々を教導し、義に基づいた本当の利を得させるのです。これがいわゆる「聖人の裁制輔相の功績」[38]と言うものです。

しかしながら、この点になると義もいくぶん人為的になってきますから、道義を学びまたそれを教えることは、自然の利得を得た後においてする他ありません。その証拠には、どんな聖人でも飲まず食わずに道義を修めることは難しいからです。舜帝も「歴山に耕作し、雷沢に魚を取り、河浜に陶器を作り」[39]、衣食住の利得をはかる傍ら務成昭らの師匠に就いて学問し孝弟の徳を修めたのであり、孔子も若い時には小役人となって衣食住の利得をはかりつつ学問に志し、おいおい礼楽を老子や萇弘らに質問しまた門人たちと討論して大聖人となられたのです。このように聖人が自分自身を修める場合でさえ、利を先にし義を後にしました。まして他人を統治する場合においてはなおさらです。堯帝の治世の初めに、「日月星辰によって暦を作り、つつしんで人々に時を授けた」[40]とあって、先ず農耕に必要な暦を授けて民の衣食の利得を計画し、最後に舜を登用して「慎重に五つの徳目を修めさせ」ていますし、舜帝の治世の初めにも、「十二の州の長官に相談して言うには、食料だ、時を失ってはならぬ」[41]と言い、後に契を司徒に任命して民衆に対して「つつしんで五教を施し」たのです。孔

(38) 裁制はさばくこと、輔相は輔佐すること。

(39) 原文「耕歴山、漁雷沢、陶河浜。」『史記』五帝本紀による。

(40) 原文「暦象日月星辰、敬授人時。」『書経』堯典

(41) 原文「咨十二牧曰、食哉惟時。」『書経』舜典

子も「食料を十分にし軍備を十分にすれば、民衆が為政者を信用する」[42]とあり、食料や軍備を先にし信義を後にすると言っており、冉有の質問に答えて「民衆を豊かにしてから、その上でこれを教化する」[43]と言っています。『孟子』も「常に変わらない収入があれば、常に変わらない心が保てる」[44]と言って、土地制度のことを先にして学校のことを後にしています。こうした類は枚挙にいとまがありません。

以上のことから見れば、**利のための義であり義のための利ではありません**。これは自然界においてひとかたまりの大気に対して元・亨・利・貞の摂理があるのであり、元・亨・利・貞の摂理のために大気があるのではないのと同じ理屈です。もし宋代の儒者の説のように、理があってその後から気があるとするならば、義を学んでその後から衣食住を求めるほかないことになります。そのようにすれば、義を学び得ないうちに体が凍えて飢えて死ぬでしょう。これは言うことはできても実行できない説です。しかしながら、義を知った以上は、どうしても利が後になるものです。舜帝は孝弟の義を修めることによって天子となる利得を得、湯王・武王は民衆を救済する義に基づいて周の王となる利得を得、斉公・桓公・晋公・文公は尊王攘夷の義に基づいて春秋時代の覇者となる利得を得た例が挙げられます。したがって、義と利の関係は、或は先になり或は後になりながらも、結局のところ義と利は一致して互いに離れることがないものなのです。

(42) 原文「足食足兵、民信之。」『論語』顔淵篇

(43) 原文「富之、又教之。」『論語』子路篇による。

(44) 原文「有恒産、有恒心。」『孟子』滕文公上篇

義と利の軽重

義と利の軽重を量りにかければ、聖人が既に利を求める道として義を立てて社会の道しるべとした以上は、**義を重視し利を軽視せざるを得ません**。そもそも国家を統治するには必ず法律があり、法律はもと義から出ています。だから**義は不文の法であり法は成文の義**であると言ってよろしい。そうしてその法律は人の生命財産を保護するためのものですが、一旦国家を統治する道しるべとした以上は、法律を守るためには人の生命を害し、財産を没収することもあります。これは一人の生命財産を損ずることによって万民の生命財産を保護する上で有益だからです。

教もまた同じです。仁義はまず第一に自分の身を愛し、親族と親しむことに始まるものですが、万民を利するほどの大仁を成し遂げるためには自分一身を犠牲にし、君主を利する大義のためには親族を滅ぼすこともあります。孔子も施政の順序において は軍備と食料を先にされましたが、これを去る場合には軍備と食料は去っても信義は去ることができまいとし、「昔から誰もが死ぬ。民衆が信用しなければ、政治は立ち行かない」[45]と言っておられ、利を軽視し義を重視せられました。これ以外にも聖人賢人が人民を教化するためには義を称揚し利を抑制する言葉が多いものです。

このことは技芸においても同様で、作文するための文法ではあるが、教えるには文法を第一にし作文は二の次にせざるを得ません。茶を飲むための茶道ではあるが、教えるには茶道を第一にし茶を飲むことは二の次にせざるを得ません。したがって、利

(45) 原文「自古皆有死、民無信不立。」『論語』顔淵篇

のための義ではあるが、教えるには義を重視し利を軽視せざるを得ません。しかしながら、利は必要ないということは決してないことです。

一二その例を挙げてみましょう。孔子は「利だけに頼って行動すると怨まれることが多い」(46)と言われていますが、これは義に頼らずに利だけに頼って行動すれば、私利私欲に陥り他人から怨まれることが多いと言うだけであって、利は必要ないということではありません。また「君子は道を求めるが利は求めない」(47)とも言い、董仲舒(48)は「君子は自分の義を正しくして自分の利のために計画しない」とも言っています。ここで言う道や義が何であるかと言えば、人間社会の道義に他なりません。ところで、人間社会の事柄は自分自身の衣食住の利得を求めるか、他人の衣食住の面倒をみるかであり、それ以外には何もありません。忠孝の道義と言っても、君主や父母のために衣食住の世話をするやり方が良いことを言ったまでです。この衣食住の利得を取り除けていたずらに道義を行うならば、独り相撲を取るようなものです。したがって、この衣食住の利得を目当てにして道義を行うより他ありません。そうすると、この道義も結局は利得を求めるための道義であり、その意味するところは利得を求める道義さえ修めておくならば、利得は自然とやってくるものであるから、あまり最初から計画してその利得をあてにしないというまでなのです。なぜかと言えば、利得は結果である故に、必ずあてにならないことがあるからです。ちょうど農民にとって耕作は秋の収穫によって利得を得るための方法ですが、日照りや洪水などの災害があるためにそ

(46) 原文「放於利而行多怨。」『論語』里仁篇

(47) 原文「君子謀道不謀利。」『論語』衛霊公篇による。

(48) 前漢の儒学者。原文「君子正其義而不計其利。」は、『漢書』董仲舒伝により、「白鹿洞書院掲示」にも見える。

の収穫による利得は保証できないのと同じです。だから将来のことを考える良農は十分に耕作した上に、更に備蓄して不作の場合に備えて、秋に収穫があることをあてにしないものです。ましてや君子たる者ならばこの深い考えがなくてはなりません。したがって、「利得のことを考慮しない」と言うと、ちょっと無欲のように聞こえるけれども、実は利得を求める上で深い考えがある言葉であって、決して利得を求めないというのではないのです。

また、孟子が「どうして利を口にする必要があるのですか、仁義さえ備えておられればよいのです」(49)と言ったのは、梁の恵王が仁義によって民衆を利する君主の職分にありながら、自分自身の私利だけを考えることを戒めた言葉ですが、恵王の富や名誉の利得は自然と民衆から与えられるものであるという意味がこの言葉の中に含まれているのです。「何必(何ぞ必ずしも)」という表現に味わいがあり、決して利得のことを口にしてはいけないというのではありません。

利得を抑制する最も顕著な例は、司馬遷の「利得はまことに乱の始めである」(50)という言葉ですが、これも利得をどう使用するかによって大乱を起すことがあるというだけであり、利得を求めてはいけないと言うのではありません。諺に言う、人の命を取るものは色欲と金銭欲である、というのと同じ口ぶりです。もしこの言葉を信じて色欲と金銭欲を絶つとすれば、この世の中は一日も立ち行きません。教えの言葉はどれもこのように極端に過ぎるものなので、まじめに解釈すると却って趣旨を取り違える

(49) 原文「何必言利、亦有仁義而已。」『孟子』梁恵王上篇

(50) 原文「利誠乱之始也。」『史記』孟子荀卿列伝

ことが多くなります。

このように聖人賢人の教化の言葉は、いずれも義を重視し利を軽視していますが、実際においては利が義よりも重い場合もあります。**小義を抑制し大利を伸長せざるを得ません**。軍事において相手を欺く策を弄することは不義ではあるが、国家を守る大利のためには小さな不義です。だから歴史上これを咎める者はありません。却って、宋の襄公の仁[51]（敵軍に情けをかけて大敗した）は常に笑われてきました。また殷の王族の微子[52]が周に投降したことは不義ではあるが、殷王朝の先祖の祭祀を存続する大利に比べれば小さな不義です。殷の湯王[53]、周の武王[54]が前王朝の王を討伐し追放したことは主君に対する不義ではあるが、万民を悪政の苦しみから救う大利に比べれば小さい不義です。管仲[55]が主君である斉の公子糾のために死なず、その弟である斉の桓公に仕えたことは不義ではあるが、夷狄の風習から民衆を救う大利に比べれば小さな不義です。こうして誰もが小不義には目をつぶり大利を伸長したのです。結果的に、大利は民衆のために行う義に帰着しますが、小義は他人も自分も誰の利得にもならないものです。だから、その時と事態に応じて、義と利の軽重を量って処置しなければ、義と利の一致に帰着しません。

宋儒の誤りと弊害

右の通り、古書や故事に証拠を求めると、義と利には先後や軽重の取り扱い方はあ

---

(51) 春秋時代の宋の襄公が敵軍に情けをかけて大敗した故事。
(52) 微子啓、殷王朝の最後の王紂の庶兄とされる。
(53) 夏王朝の暴君桀を追放し、殷王朝を建てた。
(54) 殷王朝の暴君紂を討ち、周王朝を建てた。
(55) 春秋時代の斉の政治家。BC六四五年歿。当該記述は『論語』憲問篇による。

るとしても、結局のところ一致して互いに離れないものであるはずなのですが、後世はそのように考えなくなりました。宋の程子や朱子は「楽記」篇にある「人欲を究めると、天理が失われる」(56)という言葉から「天理を保って人欲を除き去る」という説を考え出し、天理は義であるから保持すべきであり、人欲は利であるから拭い去るべきであると説き、皆がこれに同調し、昔から一致してきた義と利がはっきりと二つに分かれて、義理だけを主張し、利害得失を説くことを下に見てこれを口にすることさえ恥じるようになりました。しかしながら、「楽記」篇の言葉は、人の欲望を究めつくすと天理が失われるといっているだけであって、人の欲望を完全になくせと言っているわけではありませんから、程子朱子の説はこじつけといえます。

　しかしながら、実を言えば程子・朱子も古書の表現を借りたまでのことであって、彼らが主張したいことの本意は別にあるのですが、今このことを論ずると長くなりますので、とりあえず概要をあげておきます。彼らの言う天理は、周茂叔(57)の「太極であって無極である」という説を信奉して、天地陰陽など万物が生成される以前の状態を指すのですが、それは老子の「混沌とした物が天地に先だって生じた」(58)や荘子の「道とは太極の前にある」(59)など、老荘思想に説く虚無自然の道から発想を得たものです。だから、彼らは自然の理ということを口癖のように言うのです。しかしこの考え方は、我が儒教経典に説くところの、『詩経』の「物があればそこに決まりがある」(60)や『易経』の「陰陽が交替することを道と言う」(61)などのような、気中に自ずからある

(56) 原文「窮人欲、滅天理。」『礼記』楽記篇による。

(57) 北宋の儒者・周惇頤（一〇一七―一〇七三、字は茂叔、号は濂渓）の『太極図説』による。

(58) 原文「有物混成、先天地生。」『老子』二十五

(59) 原文「道在太極之先。」『荘子』大宗師篇

(60) 原文「有物有則。」『詩経』烝民

(61) 原文「一陰一陽之謂道。」『易経』繫辞伝

条理を指して言ったものとは異なります。この『易経』の言葉も朱子は「陰陽交替が起こる原因としての道」と言い、陰陽の更に前にあるものを指してそれが道であると説きますが、『易経』の本文は陰陽の交替を指して道と言ったまでであり、朱子の解釈は非常に無理があります。

また「欲望を去る」ということは、老荘思想の人欲を絶って虚無に帰着するとか、仏教の人欲を滅して真如に帰着する等に基づいて作られた説です。しかしながら、老荘思想に人欲を忘却して虚無によって人欲に対処すると説き、仏教に人欲を離脱して真如によって人欲に対処すると説き、これらの考えはそれぞれ人欲に対処するための方便であって、結局は人欲に秩序を与えることに帰着する点において我が聖人の説く趣旨と一致し、やはり現世に処するための道であって、仙人になるための道でも、後の世のための道でもないはずであります。ただその説が高遠で微妙なために一般人は誤解して、この人間社会を離れて仙人になることを老荘思想かと思い、早く死んであの世に生まれることを成仏かと思い、ひどい場合は人間社会の倫理は幻想であるから守る必要がないと思い、またよこしまな僧侶が愚かな民衆をだまして祈禱や供養を勧めて金銭をむさぼる方便にまで堕落し、この誤解による弊害は少なくありません。したがって、十分に注意して学ばなければ、却って老荘思想や仏教思想の本旨を誤解し、世の中のためになりません。

これにひきかえ、我が聖人の学問は、あくまでも身近で高遠さはなく、あくまでも正直で方便などは少しもなく、あくまでも平凡で変わったことはありません。ただ以上論じた通り、「生きたいと思い利得を好む」自然な感情に基づき、人間の感情に備わった秩序としての仁義を修め、私の感情を以て他人の感情に推し及ぼし、人々それぞれにその感情を遂げさせるまでであり、実に分かりやすい道であります。『礼記』礼運篇の「人の感情は聖人にとっての耕作地であり、礼によってこれを耕す」[62]とは、これを言ったものです。その感情とは人欲に他ならず、人欲を遂げさせることこそが聖人の道なのです。

それなのに、程子や朱子が老荘思想や仏教思想の高遠微妙な説を借りてきて、中国古代の儒教経典では一致していた義と利を分離し、義は天理であるから存養すべきであり、利は人欲であるから除去すべきであると注釈して以来、後世はもっぱら朱子の注釈によって儒教経典を読むようになったため、孔子や孟子も同じく人情人欲を無くし利を大いに忌み嫌う学問なのだと誤解させたことは、大冤罪だと言えます。

王陽明も程子・朱子の言葉にふまえて「天理を存養し人欲を除去する」という言葉をよく使いますが、これは理気合一の学問でありますから、天理と人欲も一緒のもので、天理は人欲中の秩序とみるだけであり、人欲が秩序に合致すれば直ちに人欲が去り天理が存すると言うに過ぎません。程子・朱子の天理を人欲よりも前に置いて、生まれた時から本然と気質のふたつの性を別々に天から賦与されるという趣旨とは大きく違っています。

(62) 原文「人情聖人之田也、礼以耕之。」『礼記』礼運篇による。

その上、この「人欲を除去する」ことが聖人の学問ではないことは、揚雄の『法言』に言い尽くされています。「人間がかりに寿命が等しく貧富の差がなく身分の差がなかったならば、聖人の命令や教訓はただの口やかましい言葉に過ぎません」[63]とあるのは、聖人の力を以てしても人欲は除去しがたいものであるから、口やかましく言って秩序を唱えたのです。また身近な証拠に、仙人が俗世間を逃れていながら囲碁を愛好することから見ても、生きとし生けるものが利害得失の人欲を忘れ去り難いことは明らかです。また前述したように、この世の中は利欲の世界です。利欲の世界にあって利欲を除去せよと言うのは、水中に住む魚類に水を飲むなと言うようなものであって、無理な話ではないでしょうか。

にもかかわらず、朱子は純然たる天理だけで人欲人情が一点も無い金属や石の仏像のようなものが聖人であると自分の想像の中で決めてしまっています。この基準によって古人を査定すると、夏殷周三代より以前は歴史がはっきりしないので、或はこの基準に合致する人もあるかも知れません。劉知幾の『史通』[64]などを見ると、古代の聖人もかなり人欲があって、この基準には合致しがたいようですが、これは伝説の誤りであると言えば、除外することもできるかも知れません。しかし秦・漢以後は歴史がはっきりと分かるので、人欲が全くない人を見つけ出すことは極めて困難です。だから、朱子が著した『通鑑綱目』[65]の中に完全な人間はいないという批判を受けることにもなり、また荻生徂徠[66]からは朱子は聖人の仁を唱道するにもかかわらず、その言葉

(63) 原文「人若信斉死生、同貧富、等貴賤、則聖人号令典謨、徒囂囂煩言耳。」『法言』君子篇による。

(64) 唐の劉知幾（六六一—七二一）が著した史論書。

(65) 司馬光による中国通史『資治通鑑』二九四巻を、朱熹と門人が五九巻に要約した史書。

(66) 江戸時代中期の儒学者（一六六六—一七二八）。

には穏やかな仁愛の気象がないなどとそしられるのは、この基準によって古今の人々を攻撃したからです。

しかしながら、書物の上での弊害は多寡の知れたものです。この説が実地に行われることになると、その弊害は大きなものになります。その当時のある事件について申しましょう。北宋末期、徽宗・太后・欽宗の三者が金の捕虜になってしまい、南宋の高宗も追い詰められて海南島まで落ち延びることになった際、南宋の政府当局中に利害の判断ができる者は和議を主張するものも出始めていたところに、小人物の秦檜[67]が登用され、独断で金との和睦を決行しました。そのため当局外の学者たちが争ってお得意の義理説によってこれを批判し、それが聴許されないと分かると潔くその身を引いて国全体の利害など気にしない者が続出しました。胡澹庵の「封事」[68]もその中のひとつです。その文を読めばまことに立派で、千年後まで人の心を動かしうるほどのものです。しかしながら実際の状況を考えてみれば、勃興している金の勢いは屈強な男子のようであり、長年の間に弱体化した宋の状況は衰弱した病人にも及ばず、どれほど復讐の大義があったとしても、衰弱した病人が屈強な男子を相手にすれば、直ぐに返り討ちにされて、復讐の大義を伸長することも叶いません。もし相手の隙を窺うか、或は自分の国力が回復するのを待って戦えば、返り討ちにあう危険もなく、復讐の大義も伸長し、義と利をともに完遂することができます。これを本当の利と本当の義の一致と言うのです。この議論は明代の丘濬[69]に始まり、清朝の趙翼[70]にいたって詳論があ

(67) 南宋の政治家。主戦派の武将岳飛を謀殺し、後年酷評された。

(68) 南宋の政治家胡銓（号澹庵）が南宋・高宗に提出した意見書。『文章軌範』に収録されて広く知られた。

(69) 明代の史学者。明・郎瑛『七修続稿』巻三に丘濬の説として引用されている。

(70) 清代の史学者・考証学者。『二十二史箚記』巻二十六「和議」にこのことが見える。

ります。その大意に、秦檜は小人物ではあるが、彼の主張は正しい。一時的に恥を忍んで金と和議を結んだから、胡澹庵が「淵聖は決して帰ってこない」と論じた淵聖も帰国し、「中原は決して手に入らない」と論じた中原も元軍と挟み撃ちにして金を滅ぼし中原も手に入り、復讐の大義も伸長できた。もしその当時の義理説に従って自分の力も顧みず、一途に攻めていったならば、宋はとっくに滅亡していたに違いない。だから、義理と時勢とを考え合わせたところに本当の義理が出てくる、というのはすぐれた議論と言えます。時勢とは時の利害に他なりません。利害を度外視してどうして本当の義理がありえましょうか。

我が国の幕末においても、専ら宋学が学ばれ、学者は義理を主張し利害を気にしませんでした。したがって外国から修好通商を求められた時に、宋のような復讐の大義があるわけでもないのに、古代の『春秋』に説かれた尊王攘夷の議論を担ぎ出して攘夷攘夷と騒ぎ立てたことは、実にむだな硬直した義理であったと言えます。幸い政府当局者にしかるべき人物がいて、その攘夷説は実行されず、今こうして平和な幸せを享受しているところです。

右にあげた例は、天下国家に関する大きな利害であり、先に論じた個人や家族の衣食住の利害とは別のことのようですが、実は同じことであって、国家においても衣食住を除外して他に利害と言うものはないのです。国家の安定と言っても、ただ国民の衣食住の安定をひっくるめてそう言うに過ぎません。したがって、国家にせよ個人や家族にせよ、利害に関係なく一途に硬直した義理を主張することは、宋代の儒者の「天理を存養し人欲を除去する」説から生じた大きな弊害です。この考え方で古代の聖人賢人が説いた義と利をとらえることはひどい冤罪であると言えます。

結語

ところで、この宋代の儒者の誤った説も、その根本は理と気の見誤りから来ているものです。一つの例え話によってこの講演を締めくくりたいと思います。ここに一本の木があるとします。その根元からこずえまで全部が生き生きしているのは、一元気が凝結した結果です。そうしてその木の中には木目があって、これも根元からこずえまで一貫しています。これが私が言う「気中の条理」というものであって、木がまっすぐな部分は木目もまっすぐであり、曲がった部分は木目も曲がり、気に従って理も変化して互いに離れることがありません。これを理と気が一致すると言うのです。宋代の儒者の説のように、理は前から定まっていて変動することなく、ただ気だけが変化するものであるならば、木は曲がったりまっすぐだったりしても、木目だけはまっすぐになっているべきはずですが、そんな木は世界中にありません。同じことを人間関係で言えば、「君臣の間には義がある」という言葉を、朱子は常に定まった理であると言うでありましょう。常に定まった理であるならば、古今東西どんな国においても通用するはずですが、今日のアメリカ・フランスなどの諸国には通用しがたいです。

しかしこれを「気中の条理」と見れば、聖人が中国に限って秩序を示されたまでのことであるから、すべての国に通用しなくても構わないのです。この一例によって、他のことも類推することができます。特に中国人学者が言う理はすべて形而上の空理空論であり、かりに気中に就いて秩序を求める場合でも誤認があることを恐れるのに、気を離れて理を求める場合にはどれほど空想に基づく誤りがあるだろうと、非常に危うく思うのです。理と気を分離する説は、口で議論することはできても実際には行えないことです。したがって、最初に論じた通り、自然界では理と気が一致し人間社会では義と利が一致する、自然界では理は気中の秩序、人間社会では義は利中の秩序である故に、その時その時の利害の状況に応じて千変万化し、その時に適切な対応をする。このことを孔子は「時に中す」と言いました。孔子の説く時中を学ぼうとするならば、この義と利を一致させるほかないのです。

（明治十九年〈一八八六〉十月十日　東京学士会院講演）

崇神論《すうしんろん》

私の論題にいう「崇神」の「神」とは、古代中国の天帝だの、西洋のキリスト教だの、そのほか天上にある種類の神のことではなく、単に手近な我々の心の中に鎮座する精神という神様を尊崇しようというものです。

神とは心

さて、この神の字義から説けば、さまざまな説がある中でも、神は「鬼神」という熟語を作る字であり、「神は伸なり、鬼は帰なり」[1]と言って、一つの気が伸長したり帰着したり伸縮変化するものを指すという説が一番分かりやすいと思います。また、単に神と言えばその中に鬼も含めて考えます。その神とは、形もなく色もなく声もなく、ぼんやりとしたものですが、何やらかすかに物があり、活発に動いて不思議な変化をし、人知の測り知れないものを言います。そして、人の心ほど測り知れない不思議な変化をするものはありません。これが神でなくて何でありましょうか。したがって、孔子は「取れば存在し、捨てれば消え失せる。出たり入ったりするのに決

(1)『論衡』論死篇。

まった時はなく、それが存在する場所は分からないとは、心のことを言ったものか。[2]」と言っており、揚雄の『法言』問神篇には「ある人が神について質問した。その答え「心です[3]。」とあり、司馬光の注には「物のうち神秘的なものは心以上のものはない」とあります。また『法言』に「人の心は神秘的なものではないか。取れば存在し、捨てれば消え失せる。常に取って存することができる者は、あるいは聖人であろうか。[4]」ともあります。我が国の太田道灌の和歌に「何度思いを定めても変わるかもしれない、頼りにならないものは自分の心である[5]」とあるのは、孔子の言葉に基づいて、心が予測不可能であることを言ったものです。

心の働き

しかしながら、また心には物を知覚する霊妙な働きも備わっています。だから、『荀子』には「心とは肉体の君主であり、精神の主体です[6]」と言っています。『荘子』には心のことを「霊台」と言い、仏教では「妙法即是心」とか「即心是仏」と言います。この仏とは知覚能力のことです。王陽明は「人の胸中にはそれぞれ一個の聖人がいる[7]」と言っていますが、これは陽明が主張する「良知」のことを指しており、良知イコール神です。この霊妙な存在こそが本体であり、それが発現し作用したものを分析して言えば、仁義礼智の四つの端緒ともなり、喜怒哀楽等の七情ともなり、西洋の心理学説に言う知情意ともなり、仏教に言う十五心や六十心[8]ともなるのです。それだ

---

(2) 原文「孔子曰、操則存、舎則亡。出入莫知其郷、惟心之謂与。」『孟子』告子上篇による。

(3) 原文「揚子法言問神篇、或問神、曰心也。司馬光註曰、物之神莫如心。」

(4) 原文「人心其神乎。操則存、舎則亡。能常操而存、其惟聖人乎。」『揚子法言』問神篇

(5) 原文「幾度も思ひ定めて変るらん頼み難きは我心なり。」作者不詳の古歌。古歌として引かれる以外に、太田道灌・細川頼之・北条時頼の作として諸書に引用される。

(6) 原文「心者形之君、而神明之主也。」『荀子』解蔽篇

(7) 原文「人胸中各有箇聖人。」王陽明『伝習録』巻下

(8) 『大日経』に説かれる人の心のありかた。

けでなく、字典に収められた立心偏の数多くの漢字は全て心を分析して命名したものです。したがって、作用について説明すればさまざまな説明をすることができますが、その心が変化し知覚することができる理由を問えば誰も答えられる者はいません。人間の思い及ばない、ただただ予測できない不思議と言うより他にありません。だから、この心こそが神様であって、心の主人を精神とよぶ理由であります。

一大神

それならば、神とは自分の心の中だけにあり、他にはないかと言えばそうではありません。この広大無辺な天地間の万物がとりもなおさず一個の大きな神であり、人の心はその一部分をなすものに過ぎません。そして今、その一部分をなす自分の心の中の神を尊崇しようというのが私の講演の趣旨ですから、おいおいこの点を詳細に論ずるつもりですが、まずはこの大きな神について説かなければ根本が分かりませんので、その概略を述べましょう。最初にこの天地万物が一個のものであることから説明を始めます。

『荘子』に「その相違点から見れば、内臓に肝臓や胆嚢があり、国に楚や越があることになるが、その共通点から見れば万物はすべてひとつである[9]」とあり、天地間の万物はもともとは渾然とした一つの大きな物があるだけで、その中について人間が分析して異なる名称を付けたまでのことです。したがって、さまざまな学問の流派があっ

(9) 原文「自其異者視之、肝膽楚越也。自其同者視之、万物皆一也。」『荘子』徳充符篇

ても、究極的にはすべて一つに帰着しないものはありません。儒学で言えば、太極(10)というひとかたまりの気が陰陽に分かれてから六十四卦・三百八十四爻(11)になり限りなく変化するけれども、つまり太極とはこの千変万化を総括して名付けたものであり、太極の中から分かれ出て千変万化したわけではなく、結局は全て太極に帰着するのです。老荘思想では虚無を主張しますが、無から有を生じ有が再び無に帰ると言うのですから、有と無とは相対的な仮りの名称であって、有と無を合わせれば絶対的な存在である自然の道に帰着します。仏教では空と色とを分けて説きますが、「空即是色、色即是空(12)」と言うのですから、結局は空と色の相対を離れて、絶対的な存在である真如の道に帰着します。したがって、儒・仏・老がめいめい自分の流儀から見て太極とか自然とか真如とか、それぞれ名前を付けただけであって、依然としてそれらは天地万物という大きな実在に他なりません。

次にその「天地万物が神である」ということについて説けば、『易経』に「陰と陽の測れないものを神という(13)」とあり、天地万物という大きな実在が、陰になったり陽になったり生れて死に消えたり長じたり集まったり散じたりして限りなく変化し、何者のしわざでこのようになるのか、どのような仕掛けでこのようになるのか、人間の知能では測ることができず、とりあえずこれを名付けて神と言ったのです。老荘思想ではこれを自然（自ずからそうである）と言い、仏教ではこれを不可思議（言葉に表せない）と言いますが、それがそうである理由が分からずに自ずからそうであるということは、

---

(10) 太極とは中国の思想に説かれる万物の根源のこと。

(11) 卦・爻は『易経』に説かれる基本図象。陰陽を三つ重ねた図象が八卦。八卦を二つ重ねた図象が六十四卦。各卦の六つの爻それぞれに付けられた説明を爻辞と言い、全部で三百八十四（八十四×六）ある。太極とは中国の思想に説かれる万物の根源のこと。

(12) 『般若心経』等に説かれる仏教の基本的な考え方。「色」は目に見える現象。「空」は実体がないもの。

(13) 原文「陰陽不測、日神。」『易経』繋辞上伝　太極とは中国の思想に説かれる万物の根源のこと。

とりもなおさず神妙に他なりません。また言葉に表せないものというのも神妙に他なりません。したがって、自然も不可思議も結局は神の別名なのです。そうしてこの神とは、あのキリスト教でいう特別な天帝とか天主とか造物者とか、神道者が言う国土山川等を生んだ神の類ではなく、ただこの天地万物そのものが一大神であり、一大神そのものが天地万物なのです。天地万物とは形によって言ったものであり、一大神とはその神妙不思議な働きについて言ったものです。一つの物ですが、その指し示す所によって名前が変わるのです。

そのうえ、「易」の理論では、空虚無形のところを全て天と言い、有形のところを全て地と言うので、仏教に言う二十八天や三千大千世界が本当にあるとすればこの中にあるはずであり、また万物が雲散霧消して空気中に入り霊魂とか幽霊とかになっているとすればこの中にあり、それがさまざまに変化するので、神でないものはありません。万物と言うと、有機物だけを神と言うかのようですがそうではありません。無機物であっても結局は変化するのでこれも神です。腐敗物でさえものの肥料になる効能があり、またこの中から虫が湧くのを見ればこれも変化する性質を持っており、神と言わざるを得ません。『中庸』に「鬼神の徳は盛大なものだな。全ての物に形を与えて余すことがない。[14]」とあるのや、『荘子』に「瓦礫や糠や屑米に至るまで道でないものはない。[15]」とあるのもこのことであり、この荘子の道というのは自然の道であるから、とりもなおさず神の別名です。したがって、上下四方八方見渡すかぎり考え

(14) 原文「体物而不可遺。」
(15) 原文「瓦礫秕糠無非道。」

の及ぶかぎりのあらゆるものを総括して一大神なのです。それを人間の偏見によって、天には天神があり地には地神があり、山川には山川の神がありと言うように、八百万《やおよろず》の神がそれぞれ別々にあるように想像することは、例えば水は地中に充満し流通して同じ水であるにもかかわらず、井戸を見ては井戸の中の水と思い、大河や海を見ては大河や海の水と思い、それぞれ別々の物のように思うのと同じです。だから、人の心の中の神も自然界全体の一大神の中の一部分であって、人の身体の中に一大神からもらい受けて、出開帳をしたり支店を出したりするようなものであって、決して一大神と別の神ではないのです。

しかしながら、この本店というべき一大神のことは広大すぎて、なかなか人間が取り扱えるものではありません。また無形の神は有形の物によって作用をなすものであり、山の神は山の形によって草木を生じ、川の神は川の形によって波を生ずるようなものであり、具体的な形態がなくてはどんな巧みな作用もありません。山川の神には四肢や五官がないために、人のような作用を為すことができず、人の作用がなければ人に対してどうすることもできません。すべて物に備わった神は皆この通りです。だから、人がどれほど祈禱しても尊崇しても福が授けられることはなく、またどれほど悪口雑言を言っても自然には口がないため反論も出てきません。ましてどれほど粗末にしても禍をもたらすことなどできません。結局、他の神は人間の相手にならないものです。孔子が言われた通り、「敬して遠ざける」(16)より他にやり方はないのです。

(16)『論語』雍也篇による。

心中の神とその取り扱い方

ただこの人の心の中の神だけは、この身体の中に宿を貸しているので、自由に取り扱うことができます。その取り扱い方はどのようであるかを言おうとすれば、この神の性質から説く必要があります。前述したように、その性質は霊妙であるがゆえに、物の是非邪正を判断することが極めて明瞭です。だから正直なことが好きで邪曲なことが嫌い、順良なことが好きで暴悪なことが嫌い、忠誠が好きで詐欺が嫌い、清潔が好きで汚穢が嫌い、勉強が好きで懶惰が嫌い、健康が好きで疾病が嫌い、全ての善事が好きで悪事が嫌いです。これは人々の心の中にすべて神が宿っているゆえに、試しに自分の心に問うてみればよく分かる事です。なぜかと言えば、人はその時の状況によって、または過失によってかなりの悪事を働くこともあるものですが、普段なにごともない時、夜中に目覚めた時、明け方に何事にも接していない時など、心が極めて静かな状態にある場合に、かつての悪事を思い出して不本意だとか気が済まぬとか、気持ちが悪いとか気が咎めるとかいう事があるはずです。これは心の神様のご機嫌に障ったのです。『荘子』に「神なるものは自分で自分を許さず。[17]」また、「人が善からぬことを薄暗闇の中で行った場合には、鬼がこれを罰する。[18]」とあるのは、すべてこの心の中の神による神罰を言うのです。それが甚だしい場合には、悪事を悔いて神経病を発病して縊死・溺死・自刃などの厳罰を受けるまでに至ります。

そうして、我が心の神は、悪事と分かっていてもなかなか強情で、この神を押し込

---

(17) 原文「神者不自許。」『荘子』徐無鬼篇

(18) 原文「人為不善乎幽暗之中者、鬼得而誅之。」『荘子』庚桑楚篇

めておいて悪事を為すものも多いものです。しかし、たとえわが心の中の神は押し込めておけても、他人の心の中の神々が承知しませんから、報復を受けて、終いには役所から刑罰を受けるまでに至ります。それに引き換え、人を救うとか恵むとか、全て善いことを為した時には、別に名誉や賞賛を受けるわけでもないのに、自ずから欣然として気持ちがよく、漢の東平王[19]が言ったように「善いことをするのが最も楽しい」ということがあるものです。これが心の神が善いことが好きである証拠です。『荘子』に「自分で自分の心に仕える」[20]と言う言葉もあり、心の中の神様にはご機嫌をとって仕えないわけにはいきません。

その心の神様に仕える場合の心の工夫は、儒教典籍には数多くありますが、第一に『大学』『中庸』に言う「慎独（一人でいる時に身を慎む）」です。この神は他人の知らないところに居られるので、自分一人だけが知っている場所において悪事を思わないことが最上の仕え方になります。また自分に満足するということも、この神を快楽にすることです。「自分で自分を欺かない」というのも、この神を欺かないことです。孔子が言われた「粗末な食事を口にして、水を飲み、肱を枕にして眠るような生活であっても、楽しみはその中にある」[21]とか、顔回を評して「竹製の器に盛った食料と瓢箪で汲んだ飲み物のような粗末な生活をしても、その楽しみを改めない。」[22]と言うのも、善事さえ行えば、美酒佳肴を供えて祭らずとも、この心の中の神は楽しんで居られることを言うのです。この神が楽しんで居られるさまを形容して「楽只君子（楽し

(19) 劉雲、後漢の二代顕宗の異母弟。

(20) 原文「自事于心。」『荘子』人間世篇

(21) 原文「飯疎食飲水、曲肱而枕之、楽亦在其中。」『論語』述而篇

(22) 原文「一簞之食、一瓢之飲、不改其楽。」『論語』雍也篇

い君子[23]」「豈弟君子（楽しむ君子）」などと言うのです。『中庸』に「君子はどこに入っていっても、自分で自分の道を会得する。[24]」とあるのも、『荘子』の逍遥遊も、仏教の極楽浄土も、皆この神の快楽の中にあることを言い、この快楽ほど人間にとっての幸福はありません。その上、この神は汚穢嫌い疾病嫌いなので、その身を清潔にし飲食を慎み衛生状態が整えば壮健になり、懶惰が嫌いなので勉強して財産もでき学問もできます。学問ができれば立身もできて、あらゆる種類の幸福が得られます。そうなれば、前に長々と論じたような、変化極まりなく人の考え及ばない神さえも、一旦人間の心に勧請してある以上、人間の取り扱い次第で、吉凶禍福を望み通りに降されて、極めて重宝な神となります。これまた神妙不可思議なことではないでしょうか。

ところでここに一つの疑問があります。この人の心がすなわち神であるならば、善事が好きな神である故に、人はみな善事ばかり行って、悪事は行わないはずでありますが、或は悪事を行うことがあるのは、別に邪神が心に宿っているかのようです。これがまた心の変化の不思議であって、この心に二つはないので、この神にも二つはありません。ただこの正しいはずの神が物事に触れて狂乱するまでのことです。狂乱すれば邪神にも悪魔にも変化し、地獄も拵え出すに至るでしょう。前述したように、天地万物の一大神は、もともと正しい神でありますが、時々は狂乱して天災地異をなすこともあります。その狂乱した神を人の身体に勧請し、それが子孫に遺伝すると、人の性質はそれぞれ違ってきて、ひどい場合には下愚や白痴と言ってものの分からぬ人

（23）「楽只君子」「豈弟君子」はともに『詩経』に見える言葉。『大学』『中庸』にも『詩経』の語として引用される。

（24）原文「無入而不自得。」『中庸』

もあります。また生まれつき物を損害し人を殺すことを好む人もありますが、これは千万人中に一人という極まれなものであり、その他は多かれ少なかれ正しい神を勧請していない人はいないものです。かつ、物を容れる器の容量が大きければ内容物が動揺し狂乱することは少なく、容量が小さければ内容物が動揺し狂乱することは多くなります。例えて言えば、一大神は大海の水のようなものであり、大きな器の中にあるために概ね清潔でありますが、人の心の中の神は大海の水を小さな器に汲み取ったようなもので、器が小さいために物に触れて濁ったり腐ったりして、大海の水とは性質が異なってくるのと同じです。この小さい器の中の水を澄明にして濁らないようにする方法としては、器という境界を打ち壊して大海の水と流通させることにあります。人の心の中の神も、この小さな身体の中に入れてあるせいで、自他・彼我の抵触によって狂乱し、損得によって心が迷い、正しい神も邪な神に変化するのですが、この自己の身体という器を取り除いて、天地万物の一大正神と心の中の神とを流通させるならば、自然と正しくなるはずであります。したがって儒・仏・老荘など諸学派によって心の修養にはさまざまな工夫がありますが、結局のところはただこの身体の制約を取り除いて天地万物と一枚板にすることにあるのです。

無私無意を得る心の修養

ところで、この身体を取り除くというと、死ぬより他はないようですが、これがまた心というものの不思議であって、心の持ち方の工夫次第で自分自身でありながら自分自身を離れられるのであり、実際に自分自身から離れて外から自分自身を客観的に観れば、自分自身の欠点がよく分かり、自他・彼我を平等に公正に処置することが可能になります。例えば、鏡を借りて自分の化粧を写し、他の人の化粧姿と比較して、髪形を直したり頬紅を濃さ薄さの具合を調節したりして、他の人と同じような化粧にするようなものです。孟子の「反求（自分に欠点がないかふり返る）」(25)や老子の「内聴内視（自分で自分の行いを反省する）」(26)といった類は全てこのことです。また、我を無くするというと難しいことのように思うかもしれませんが、我は私であり、私を無くすることと言えば分かりやすいと思います。私は悪となり公は善となるものであり、世間で言う善悪はどれもみな公と私の境目から出ないものはありません。だから孔子は、「意なく心なく、固なく我なし」(27)とか「己に克ちて礼を履む」(28)と言っており、老子は「私無く欲無し」と言い、荘子は「我を喪う」「己を忘れる」と言い、仏教では「無我無我所」と言います。これらはみな私を除去するための工夫に他なりません。その中でも、私欲を取り除くことは易しいけれども、私意を取り除くことは最も困難です。したがって孔子は「四つの勿」の中でも第一に「勿意」を言っており、仏教では五識の中でも最も意識を除去しようとしました。この私意私欲を取り除くことができれば、道徳で言えば、孔子の言うように一本槍の「忠と恕」(29)によって一貫し、自分で自分を愛しまた他人を愛し、天地万物と一体になる仁に帰着します。老荘思想で言えば、人

---

(25)『孟子』公孫丑上篇の言葉。

(26)『史記』商君列伝に「反聴内視」の語が見える。

(27) 原文「勿意勿心勿固勿我。」『論語』子罕篇

(28) 原文「克己復礼。」『論語』顔淵篇「復」は反ると履む（実践する）の解釈があり、三島中洲は履むと解する。

(29)『論語』里仁「子曰、参乎、吾道一以貫之。曾子曰、唯。子出。門人問曰、何謂也。曾子曰、夫子之道忠恕而已矣。」をふまえる。

の私意を用いず、全ての物が自分で自分を治めるのに任せる自然の道に帰着します。仏教で言えば、自分で自分を利しまた他を利し平等に救済することができ、相反するように見えて実は一つである真如の道に帰着します。したがって、儒・仏・老荘などの諸学派の究極的な所は、ただこの一点であることを理解し、この一点に帰着することにあるのです。

その一点とは何かと言えば、やはり前述したように、天地万物の外にはありません。ただこの天地万物が一大神であることを理解し、自分自身の心の中に勧請してある一部分の神と一大神とを流通させ一致させ公平を保つならば、ふたたび自分の心が邪神や悪魔に変化することもありません。上述のように、正しくすることも邪にすることもまたただ心次第であり、『管子』に「心の中にさらに心がある」(30)と言っているように、変化すると二つになるかのようですが、決して二つのものではなく、一心の工夫次第で二つにも三つにもなり、数限りない多くの心にもなり、また立ち返ってただ一つにもなるのです。実に神妙不思議な存在であり、これが心がとりもなおさず神であるという理由でもあるのです。

また、この心の中の神様は、前述したように人間が相手にできない天地万物という一大神とは異なり、自分勝手に災難を払いのけ幸福を祈願することができる神でありますから、心がけてもっぱら善事を行い、この神様を尊崇し信仰したいと思う次第です。これは私の常日頃からの持論でありますから、かつてこれを一つの詩に詠じたこ

(30) 原文「心中又有心。」『管子』心術上篇

とがあります。
　天神人鬼と精神とは　元とこれ渾然たる一大神なり
　鬼神に向かって万福を祈らんと欲せば　各自各々の精神に違ふことなかれ(31)
　詩自体は拙い出来のものですが、もし私の崇神の宗旨が広がって、これに帰依し信仰する人が出てくるようならば、私はこの二十八字をキリスト教の讃美歌や仏教の念仏の代りにしようと思うのです。

（明治二十一年〈一八八八〉五月十三日　東京学士会院講演）

(31) 原文「天神人鬼与精神　元是渾然一大神　欲向鬼神祈万福　勿違各自各精神」

余の学歴

私が生まれた頃は、村の子供たちは学習といっても寺子屋で習字をするくらいのものであったが、それも一〇〇〇人のうち一〇〇人くらいであり、その上に漢籍の素読などをする者は、庄屋か資産家の子供だけで、村に二三人しかいませんでした。

私は八歳の時に父に死に別れ、母親の手で育てられましたが、初めは寺子屋で習字をしました。十一、二歳の頃、隣村の山田方谷(1)先生の師匠にあたる丸川松隠(2)先生の養子の丸川龍達という医者に師事して、四書五経の素読を授けられました。その丸川先生の家の玄関に衝立があり、そこに貼り交ぜた書画の中で目に留まったのは方谷先生が十三歳の時に作られた諸葛孔明を詠んだ七言律詩(3)でした。その詩の意味は分からなかったが、とにかくその年齢でこんな詩が作れるとは何と偉い人だと思い、尊敬の念を禁じ得ず、家に帰って母親に訊いてみると、その詩を作った人はおまえの父と丸川松隠先生のところで同門の友人であったと語り、おまえの父も二男に生まれて家督を継ぐ必要がない身であったならば、方谷先生のように学問によって世に出ることができるのにと羨ましがっておられた、という話を聞きました。さいわい自分は二男であ

---

(1) 山田方谷(一八〇五—一八七七)、名は球、字は琳卿、通称安五郎。陽明学者。備中松山藩儒。

(2) 丸川松隠(一七五八—一八三一)、名は茂延、字は千秋、通称一郎。大坂懐徳堂に学び、新見藩儒となった。

(3) 七言律詩「題武侯図」、「憶昔襄陽三顧時　臥竜一躍水離披　整師堪誅逆曹暴　孤節且起炎漢衰　北征六出威震夏　南伐七擒恩撫夷　豈料原頭星堕後　千秋万歳使人愁」。

るから、方谷先生のまねをしてみたくなり、十四歳の時に母に頼んで旧松山城下に行かせてもらい、方谷先生の塾[4]に入りました。松山は私の郷里の中島村から八里の距離があり、子供の足ではまる一日かかりました。

　方谷先生は神童の呼び声が高く、民間から抜擢されて武士となられました。その当時の備中松山藩主は寛隆公（六代板倉勝職）で、学問を好む明君ではありませんでしたが、このような秀才を抜擢しなければ世間に対してすまぬと考えて抜擢したわけであるから、特に自分から講義を聴いたりするわけではなく、単に教授職を担当させてあったのです。その時から私は方谷先生の塾に入って学びました。まず『日記故事』[5]や『蒙求』[6]の輪講[7]を聞いてもらい、次に四書五経に及びましたが、どれも朱子の注釈のままに理解しました。私はここで純粋な朱子学者となって、学問変遷上の第一期に入りました。

　それから「十三経」[8]を読み、「通鑑綱目」を読み、「二十一史」[9]に進み、「経伝通解」[10]で三礼も読み、荘子・韓非子らの諸子百家から『朱子文集』『朱子語類』なども渉猟し、かたわら文章も学んで転倒がないくらいの漢文も書けるようになりました。その当時は現在のような切り抜き学問とは違い、このように頭から終りまで一貫して通読したもので、あの男は「十三経」を読んだそうだ、この男は「二十一史」を読み終えたそうだ、などと周囲から見られて、現在の大学卒業のように言われたものです。

　方谷先生は、講義では王陽明の説や仏教の説を述べることはありませんでした。た

（4）備中松山城下の臥牛山の麓にあったので、牛麓舎と呼ばれていた。

（5）明代以降に作られた人物の故事を中心に道徳を説いた啓蒙書。

（6）唐・李瀚の撰にかかる故事集。「孫康映雪」「車胤聚蛍」のように一話の内容を四字句に表わし、似た内容の二句が対になって配列されている。

（7）分担を決めて書物の内容を順番に講義すること。

（8）十三種類の儒教経典。易経・書経・詩経・三礼（周礼・儀礼・礼記）・春秋三伝（公羊伝・穀梁伝・左氏伝）・論語・孝経・爾雅・孟子。

（9）二十一種類の正史。史記・漢書・後漢書・三国志・晋書・宋書・南斉書・梁書・陳書・魏書・北斉書・周書・隋書・南史・北史・唐書・五代史・宋史・遼史・金史・元史。

（10）朱熹撰『儀礼経伝通解』のこと。

だ日頃、晩酌の時などに、書生の誰々を呼べと言って、話し相手として書生を側に座らせた時に陽明学や仏教に話が及ぶことがありました。書生がまじめに朱子学の説によってこれを議論したり、或は『学蔀通弁』(11)などの書物を読んでこれに反駁したりする者があると、方谷先生はけらけらと笑いながら、あなたがたがそのように反駁することもまた仏縁なのですと言われたこともありました。

その頃、江戸に遊学するというと、現在洋行するよりも偉いと思われたものでしたが、ちょうどその頃、この近くでは江木鰐水(12)や阪谷朗廬(13)や進祥山(14)らが江戸遊学から帰郷したので、私も遠方に遊学したいと申し出たところ、方谷先生はこれを快諾されました。この時までに私もほぼ十年間、方谷先生に従学して、学者が読むべき書物を一通りは読んでいましたが、小成に安住したくないので、遠国への遊学を思いついたのです。

そこで内心思うに、その当時の伊勢は学問の盛んな藩と言われていて、藩主も好学の人物であり、高名な斎藤拙堂先生もおられるので、江戸に行っては却って人との交際などに時間を取られて、本当の学問はし難いと考えて、津藩に遊学することに決めました。これは実は松山にいた時に『拙堂文話』(15)を読んで面白いと感じたことから、思い立ったのです。そうして伊勢に入りましたが、拙堂先生は文章家としての名は高かったけれども、儒教解釈は朱子学を信奉されました。その他に伊勢には石川竹厓(16)という大考証学者もおられて、その著書の『論語説約』は七十巻もある大部なもの、

---

(11) 明・陳建の撰。朱子学の立場から朱熹・陸象山・王陽明の異同を論じている。

(12) 江木鰐水（一八一一―一八八一）、備後の人、篠崎小竹・頼山陽・古賀侗庵に学び、福山藩儒となった。

(13) 阪谷朗廬（一八二二―一八八一）、備中の人、大塩中斎・古賀侗庵に学び、郷里の郷校興譲館の館主となる。後に明六社同人となる。

(14) 進祥山（一八二一―一八八四）、備中の人、別号鴻渓。山田方谷に学び、昌平黌に学ぶ。備中松山藩儒となり、維新後は各地で漢学を教授した。

(15) 津藩儒・斎藤拙堂（一七九七―一八六五）の撰になる文論。正編一八三〇年刊、続編一八三五年刊。

(16) 石川竹厓（一七九四―一八四四）、近江出身、津藩に仕え、藩校有造館に学を講じた。

『論語講義』でも三十巻もあります。昔の人は何事にも綿密で、主君に対して進講するにあたり、いちいちその講義を筆でしたためたものです。この人は私が伊勢に行った時には既に亡くなっていました。有名な猪飼敬所(17)もそうです。拙堂先生は別に講義をされることはなくて、時々、茶磨山荘という別荘に出かけられて酒宴を催されました。その時に伊勢城下に寄宿している人々が集まってきて、拙堂先生の話を聴き、作文を先生に呈出するのを、先生は袋に入れて持ち帰り、次の会の時までに添削して返されるのです。

その時まで私は頑固な朱子学者でありましたが、石川竹厓の養子に貞一郎という人があり、また猪飼敬所の門人もあって、これらの人々が毎日のようにやってきて経書解釈に関して攻撃して止みません。私も負けん気が強いので、徹夜してこれに対応したこともたびたびありました。しかし翻って思えば、論敵の学問にも通じていなければなるまいと思い、時に川北梅山(18)という親友がいて、典籍という藩の蔵書を取り扱う役目にあり、また教官には昇進していなかったのですが、この人に頼んで川北梅山が借りるような体裁で借り出してもらい、藩の文庫から伊藤仁斎・荻生徂徠らの古学派の書籍から清朝考証学の書籍に至るまで精読しました抜萃しては返し、川北梅山からは「もう読んだのか、早いなあ」と驚かれるくらいでありました。そのうちにだんだんと朱子学に疑問を感じるようになり、私の学問も折衷学に入っていきました。これが私の学問の変遷上の第二期です。

---

(17) 猪飼敬所(一七六一―一八四五)、近江出身、京都で学を講じ、津藩儒となった。

(18) 川北梅山(一八二三―一九〇五)、津藩士、斎藤拙堂・猪飼敬所に学ぶ。

その後、江戸の昌平黌に二度も入学[19]しましたが、交際などに時間を費やし、学問は伊勢にいたときほどにはできませんでした。昌平黌の先生の講義は朱子の注釈の通りですから、これは聴かずに、自分が好む書籍を文庫から借りだして勉強しました。

以上のように、伊勢遊学以来、さまざまな経書の訓詁[20]を折衷することに専心しましたので、朱子の注釈以外の私説が蓄積されて、今日の「私録」数十冊[21]が出来上がることになりました。こうした学説や解釈は実践には役に立ちませんが、生徒に対して諸経書を講義する際には便利です。

三十歳以降、備中松山藩の職に就いてからは、世間が多事多難の幕末の時期に際会し、藩と藩との外交やら藩の財政やらにこき使われて駈けずり廻りましたから、読書の暇もありませんでしたが、藩政の俗務に関して方谷先生に質問し、また先生から指導をうける中で、先生の実地に運用する妙手が陽明学に基づくものであることを悟りました。この間十年間、方谷先生から実学の教えを受けました。

明治維新後、親政府に出仕して、裁判官として実地に法学について多少知識を得、[22]五十歳以後は二松学舎を開塾して生徒の教育に従事することとなり、[23]再び道学に復帰して陽明学を主張し、かたわら訓詁学を折衷して、教育を三十年継続して今日にいたりました。これが私の学問変遷上の第三期です。

（明治四十一年〈一九〇八〉十月十八日　細論文社講話）

---

(19) 安政五年四月から翌六年三月まで(一八五八―一八五九)、万延元年四月から文久元年四月まで(一八六〇―一八六一)の二度、昌平黌に遊学している。

(20) 難解な語句の解釈。特に漢～唐の訓詁学による語句の解釈。

(21) 大学私録・中庸私録・論語私録・孟子私録・周易私録・尚書私録・毛詩私録・老子私録が残されている。

(22) 明治五年(一八七二)九月十三日に司法省七等出仕、ボアソナードからフランス法を学び、新治裁判所長や大審院判事などを務めた。

(23) 明治十年(一八七七)十月十日、麴町区一番町の自宅に二松学舎を開塾した。

漢学大意《かんがくたいい》

漢学の目的とは、自分の身を修めて人の上に立って人々を治め、世の中に役立つ人物となることにあって、無駄に言葉を暗唱したり修辞を巧みにしたりする学者になることにはありません。したがって、仁義道徳を基本とせねばなりません。これが経書の課目が設けてある理由です。

また、古今の時勢の移り変わりや制度の沿革を知って、臨機応変の才能を伸ばさねばなりません。これが歴史の課目が設けてある理由です。

そうして、その学問を仕事に活かそうとすれば、文章を利用してその学問の趣旨をのばさねばなりません。かりに運悪く世間に認められず学問を仕事に活かすことができない場合にも、文章を利用してその学んだ学問を伝えて広く後世の役に立てねばなりません。したがって、文章は世間に認められる認められないに関係なく、自分が身につけた学問を活用するための道具であるから、必ずこれを学ばなければなりません。これが文章の課目を設けてある理由であり、これを学ぶには手本を古今に取らねばなりません。これが諸子百家、または文集の課目が設けてある理由です。詩については、必ずしも役に立つものではないと思われがちですが、これもまた文章の中の一部分であり、志を言う用途があるので、その課目を廃することはできません。

かくて、経・史・子・集、および詩文の課目が備わり、その課目を学ぶ目的はまたただ世間で役に立つ人物になることにある以上、書物を読んでもつまらない言語表現に捉われることなく、詩文を作っても細かな技巧に流されないことが肝腎です。

その上、歴代の漢籍は汗牛充棟であって、上記の諸課目にあげた僅か数種類の書籍に尽きるものではありませんが、今や洋学が盛んになっており、洋学の窮理や法律や技術などの分野における精緻さについては、漢学が太刀打ちできるものではありません。かりにも世間で役に立つ学問を志望するものは、漢籍と併行して西洋の書籍も兼修しなければなりません。だから、漢学の課目を簡単にして、西洋の書籍を学ぶ余裕を残しておくのです。

もしも漢学を専門の生業として学びたいと思う者があれば、さまざまな書を博渉することは元来望む所であるので、正規の課目外に質問の時間を設けてあります。

すべて二松学舎に入学して学問する者は、まずこの大意を理解し、その後から順次各課目を修学して、世間で役に立つ人物となることを、希望します。

【原文】

漢学ノ目的タル、己ヲ修メ人ヲ治メ、一世有用ノ人物トナルニ在テ、記誦詞章ノ一儒生トナルニ在ラス。故ニ仁義道徳ヲ以テ基本トナサヽル可ラス。是経書ノ課アル所以ナリ。

又古今時勢ノ変遷制度ノ沿革ヲ知リ、変通ノ才ヲ長セサル可ラス。是歴史ノ課アル所以ナリ。

然ルニ其学ヲ事業ニ施サント欲スレハ、文章ヲ借テ、之ヲ暢達セサル可ラス。若シ又当時ニ不遇ニシテ事業ニ施ス能ハサルモ、文章ヲ借テ其学フ所ヲ伝ヘ、天下後世ノ用ニ供セサル可ラス。故ニ文章ハ遇不遇ニ関セス、其学ヲ活用スルノ器具ナレハ、必ス之ヲ学ハサル可ラス。是文章ノ課アル所以ニシテ、之ヲ学ヘハ軌範ヲ古今ニ取ラサル可ラス。是諸子又ハ文集ノ課アル所以ナリ。詩ニ至テハ、必用ナラサルカ如シト雖トモ、是亦文章ノ一端ニテ言志ノ用アレハ、其課ヲ廃ス可ラス。

於是経史子集、及ヒ詩文ノ諸課備ハリテ、其目的タル、亦唯世間有用ノ人物トナルニアレハ、書ヲ読テ尋常摘句ニ陥ラス、詩文ヲ作テ彫虫篆刻ニ流レサルヲ肝要トス。

且漢籍汗牛充棟、右諸課僅々ノ数書ニ尽ルニ非スト雖モ、今也洋学大ニ行レ、其窮理法律技術等ノ精密ニ至テハ、漢学ノ能ク及フ所ニ非ス。苟モ有用ノ学ニ志スモノハ、洋籍モ亦兼学ハサル可ラス。故ニ漢学ノ課ヲ簡易ニシ、洋籍ヲ学フノ余地ヲ留ルノミ。

若シ漢学ヲ専業ト為サントスルモノハ、群書渉猟固ヨリ望ム所ニテ、課外質問ノ設ケアル所以ナリ。

凡テ本舎ニ入リ学問スルモノハ、此大意ヲ了シ、然ル後順次課業ヲ修メ、一世有用ノ人物タランコトヲ、是希望ス。

（明治十二年〈一八七九〉『二松学舎学則』）

第二部　三島中洲を知る

岡山なまりの温和な人柄

岸　哲男

「二松学舎の創立者三島中洲先生」というとき、私たちはまず謹厳で近寄りがたい大学者というイメージを思い浮かべる。それは中洲先生の、紋つき羽織に威厳を正した白髯ゆたかな肖像から受ける印象にもよるだろう。しかし『二松学舎百年史』を読んで、文中の各所にちらばっている中洲先生の日常断片を拾い集め、それを組み立ててみると、私たちが偶像化している中洲先生とはちがった（偉大な学者にはちがいないが）ひとりの人間としての中洲先生に出会うことができる。それをこの機会に書いておきたい。

肖像では大きく見えるが、先生はじつは小柄な人だった。そして眼がやさしかったという。声はすこしかれていて、言葉のはしばしに生まれ故郷の岡山なまりがあった。めったに怒ったことのない温和な人柄で、極端なことがきらいであった。

先生は朝五時には起きる。洗面には時間をかけて、自慢の白い長い髯の手入れをする。朝食は卵を入れたおかゆと味噌汁、あるいは牛乳とパンにきまっていた。

夏は七時、冬は八時から塾での先生の講義がはじまる。論語、孟子、荘子など。なかでも文章規範の講義が得意で、先生自身が大文章家でもあったから、主意を述べ、段節を分け文脈を分析し、微に入り細をうがってまことに生彩があった。先生はかならず焉、矣、也、乎などの助字を残りなく読み上げる。それは文章を作るときの稽古に必要だからである。五十畳敷きの講堂に寄宿生、通学生三百人がぎっしり詰めかけて、なかにはいれず窓外に立つ者もいた。明治十年、創立のころ、漢学塾は東京に二松学舎しかなく、塾生がこんなに多かったのは。当時陸軍士官学校も司法省法学校も入学試験に漢文を課していたからである。だから塾の古い卒業生には軍人と法曹が多い。中洲先生自身も、塾を開く前は大審院判事であった。

先生は講義をはじめる前、まずゆっくり湯呑みにお茶をついで口をしめす。それから小さい見台に本をのせ、まばゆい金時計をとり出してかたわらの時計掛けにかけ、眼鏡のうえから塾生を一瞥してのちおだやかな口調で講義をはじめる。ときどき茶をすすって二時間。あとの講義は塾頭や助教、幹事たちがした。

夜は春秋左氏伝や唐宋八家文の輪講があって、先生はそれにも出席された。老子も得意で、その講義はやさしく平凡でいながら十分味わいがあった。ところが書経や伝習録の講義には、あまり塾生が集まらなかった。

あるとき、たった一度だけ、塾生の前で猛烈に怒ったことがある。それは長男の桂さんが袴をつけずに講堂へ授業を受けにきたのを見たときで、とうとう許さず追い出してしまったという。

先生はいつも和服で、かならず袴をつけ、そとに出るときは表つきの駒下駄をはいた。ときには洋服姿のこともあったが、当時の言葉でいえばなかなかハイカラであった。それは宮中顧問官であり、皇太子殿下（大正天皇）の侍講でもあったため参内したり、東京帝大や高等師範学校へ講義のため出かける場合であった。

（「中洲先生行余録(1)」『二松学舎大学新聞』第一九八号、一九八二［昭和五七］年一〇月一日）

煙草を好み詩作にふける

岸　哲男

中洲先生について特筆すべきはたいへんな煙草好きだったことで、先生の趣味といえばただこの煙草だけ、それもかならず麴町の土田製の巻煙草でなければならなかった。そのほか書斎には煙管を五・六本常備し、いつも書生がそれの掃除を命じられた。あるとき塾頭が見かねて忠告したところ、「私はぼんやりポカンとしていられぬ性分だから煙草をすう。こうやっていてもべつに体に障る心配はない」と先生は答えたという。

先生はいつも家族とはべつに食膳を書斎に運ばせ、ひとりで食事をした。書生と同じ質素なもので、夜はときに一品か二品をそれに加えることもあった。晩酌数杯、それで陶然となると、机に向かって詩作にふける。先生のあまたの詩文は、このような時間に作られたものが多い。まれに旅に出るほかは、そんな日常のくり返しだったようだ。そうした先生の風貌姿勢を念頭において『中洲詩文』を読むなら、さらに味わいが深くなると思う。

ただ一年に一度だけ、一家そろって観劇にゆくならわしがあった。しかしそれも娘の藤野子さんが亡くなられてからは、中止してしまった。

先生の住居も講堂も、いまの大学本部の同じ構内にあり、二松学舎はそれから百余年、ここから動いていない。先生の住居の庭には、校名の由来になった二本の松があった。これが本塾でほかにすぐ近所に柳塾と梅塾があり、「三百生徒名を弁ぜず」の隆盛だったころはさらに第一、第二外塾まであった。そこにそれぞれ寄宿生がいて、三食付きで一ヵ月一円七・八十銭、飯と味噌汁はいくら食べても制限はなかったが、おかずは青昆布か油揚げ程度でアジの干物のつくのが週に一回くらいであった。明治十四年ころの話だが、それにしても安い。ほかに塾費と月謝を合わせても、月に五円か六円であった。だから東京帝大や独逸協会学校に通う学生が、二松学舎を下宿代りにして住んでいた。かれらも早朝の中洲先生の講義だけは、必ず聞くことになっていた。

しかし、塾には危機が二度あった。明治二十年ころは洋風がはやって塾生が減り、畳の敷き合わせから草の生えた部屋があったほどである。起伏のはげしいなかで大正八年、中洲先生は九十歳で逝去された。同十二年の関東大震災には、二松学舎は幸い焼け残ったが、「来り学ぶ者わずかに一人」という有様であった。そのたった一人の塾生を高弟の那智佐伝先生が教えて、二松学舎の伝統を守ったのであった。

（「中洲先生行余録⑵」『二松学舎大学新聞』第一九九号、一九八二〔昭和五七〕年一二月一日）

論語と算盤は甚だ遠くして甚だ近いもの（『論語と算盤』より）

渋沢栄一

今の道徳に依つて最も重なるものとも言ふべきものは、孔子のことに就て門人達の書いた論語といふ書物がある、是は誰でも大抵読むと云ふ事は知つて居るが此の論語といふものと、算盤といふものがある、是は甚だ不釣合で、大変に懸隔したものであるけれども、私は不断に此の算盤は論語に依って出来て居る、論語は又算盤に依つて本当の富が活動されるものである、故に論語と算盤は、甚だ遠くして甚だ近いものであると始終論じて居るのである、或時私の友人が、私が七十になつた時に、一の画帖を造つて呉れた、其の画帖の中に論語の本と算盤と、一方には「シルクハツト」と朱鞘の大小の絵が描いてあつた、一日学者の三島毅先生が私の宅へござつて、其の絵を見られて甚だ面白い、私は論語読みの方だ、お前は算盤を攻究して居る人で、其の算盤を持つ人が斯くの如き本を充分に論ずる以上は、自分も亦論語読みだが算盤を大に講究せねばならぬから、お前と共に論語と算盤を成るべく密着するやうに努めやうと言はれて、論語と算盤のことに就て一の文章を書いて、道理と事実と利益と必ず一致するものであると云ふことを、種々なる例証を添へて一大文章を書いて呉れられた、私が常に此の物の進みは、是非共大なる慾望を以て利殖を図ることに充分でないものは、決して進むものではない、只空理に趨り虚栄に赴く国民は、決して真理の発達をなすものではない、故に自分等は成るべく政治界軍事界などが唯跋扈せずに、実業界が成るべく力を張るやうに希望する、これは即ち物を増殖する務めである、是が完全で無ければ国の富は成さぬ、其の富を成す根源は何かと云へば、仁義道徳、正しい道理の富でなければ、其の富は完全に永続することが出来ぬ、茲に於て論語と算盤といふ懸け離れたものを一致せしめる事が、今日の緊要の務と自分は考へて居るのである。

（『論語と算盤』一九二七〔昭和二〕年二月五日、忠誠堂「処世と信条」）

らいてう先生と二松学舎

らいてう先生に質問する

平塚らいてう（談）

平塚雷鳥（本名奥村明）　全日本婦人団体連合会名誉会長。国際民主婦人連盟副会長。世界平和アピール七人委員。明治十九年二月十日生。明治二十九年三月、日本女子大学家政学部卒業、日本女子大学卒業と同時に同年二松学舎に学ぶ。

問　二松学舎に学ばれた動機をおきかせ願いたい。

平塚　私は明治三十八年ごろから座禅をはじめました。禅を修行するために語録を読んだりすることに困りますので、それで漢文を勉強したいと思っておりました。もちろん禅をしないうちからも、漢文はやりたいと思っておりましたけれども、禅をやるようになってからは、いっそうその必要を感ずるようになったわけでございます。明治三十九年、津田英学塾に入りましてそこに通うようになったのですが、その英学塾にゆく途中に、二松学舎があったわけですね。英学塾は五番町にあり、二松学舎は三番町にありまして道順もよいから、二松学舎に伺うようになったわけです。

問　先生の十九才ごろでしょうか。

平塚　そうですね。

問　二松学舎の先生のなかではどなたの授業をお受けになりましたでしょうか…。

平塚　三島中洲先生と、それから三島先生の息子さんですね。中洲先生からは、詩経なんかをちょっとですが伺ったことがあります。あとは息子さんのほうですね。

問　三島中洲先生の詩経、それから息子さんは三島雷堂先生だと思いますが、そういう方々の論語とか大学を……。

平塚　直接私は先生とお話したこともなかったし、なるべく目立たないところで小さくなって伺っておりました。（笑声）

問　そういたしますと、そのころの二松学舎でのお友達の名前もあまりご記憶に残っていませんですね。

平塚　いつも後のほうで先生のお話をきいて、あとはさっと帰ってしまうものですから、どんな方がいらっしゃったのかわかりませんね。

問　まさに先生が紅一点でございましたね（笑声）

平塚　私が一人でしたね。当時は講堂もずいぶん広うございましたね。木造で明治時代の小学校というような記憶がありますね。それにまた殺風景なつくりでございました。粗末な木の机と、腰掛けも一人々々が別々のものじゃなく、続いていた細長いものだったですね。

問　寺子屋式の座る方式ではなく、洋風なやりかただったわけですね。

平塚　机と椅子でしたけれども腰掛けなんかは一つの腰掛けに何人もすわれるというような長く続いたものでした。私のいた後のほうは、固い木の板で、ふとんもなにもついていないものでしたね。

問　キリスト教の愛、仏教の慈悲、孔子の仁、三教一致論と先生のおやりになりました禅に対して漢学の直接のご勉強というものがどのようなお役に立ちましたでしょうか。またそれによる、先生の求道生活の話しなどを一つお聞かせ願えませんか。

平塚　非常に人生問題で苦しんだものですから、キリスト教にいってみたり、仏教の本をはじめとして、いろいろのことをやってみましたけれども、やはり禅で修行をするということをきめまして、それで禅に入りましたが、だから漢文とか儒教のほうで道を求めるとか、自分の問題を解決しようと思って、漢文を勉強をしたのではなく、禅のほうにとびこみまして、研修しまして、語録を読んだり、いろいろのことをいたしますと、どうしても漢文の知識というものが足りないということを感じましたものですから、これはもう少し本気で勉強しようという気になったわけです。二松学舎で漢文を勉強するようになりましたので、いろいろわかることもあり、漢文を通してのいろいろなそういう思想とか、禅のほうとの関係でも、禅の見地から見てもわかるような点があったりしまして、思想的にもいろいろいただいたものがあったと思いますけれども、本当に一生懸命には勉強しなかったとみえて今もってさっぱりそのほうの力はないようですね（笑声）。

問　当時の服装についてすこしお話を。

平塚　私は当時は和服に袴で男の学生などは小倉のはかまできりっとして、高いげたをならして、がらがらさせて入ってきたりしておりました。

問　高いげたをならして、詩吟などやり、バンカラでならしていたわけでございますね。

平塚　そうですね。

問　これからの二松学舎の学生に、あるいはまた現在学んでおるものに、なにをお求めになられるか、どういう期待をおよせいただいておるか、お話しいただけませんでしょうか？

平塚　私はやはり漢文というものは大切に保存しておきたいと思いますね。漢文から受ける短かいことばの中から直接感ずるものは心の底に直接響きますから。今の説明たっぷりな文章なんかを読んだときとは、まるで違った感じがいたしますね。また漢文の中に盛られている当時の思想というものは、永久に根本的に青年の学ぶ価値があるものだと思います。本当に尊い伝統のあるものであり、といっても決して過去のものではなくて、これからも永久に根本的に青年の価値があるものであり、新らしいもののもとになるものでもあり、大いにこれからも読んでゆかなければならないものだと思います。東洋の思想というものを本当にもっと生活に生かしてゆかなければならない時になっているると思いますね。ですからこれをやはり古色蒼然としたものとしないで、新らしいものとしてゆかねばならないと思いますね。本当の自分の体で経験した力というものを、私は今の教育では忘れているると思うのです。自分のものと自然のもの、それは宇宙といってもよいと思いますが、それが一つになったところ、そこまでやれば、本当に自分の自由な天地というものができると思うのです。ところがそういったところの修行というものは、ほとんど今の人はないんじゃないでしょうか。そうしなければならないというのはごく一部で。頭でわかっただけで、本当にわかってはいない。自分の境地がそこまでゆかないことには、わかった、わかったといっても、理屈で説明すれば、自分はこっちにおいて、理屈はこっちにあるということですからね。

（『二松学舎大学新聞』第一一五号、一九六六［昭和四一］年二月一日）

よき師友に恵まれ学識深まる

石川梅次郎

三島中洲先生は、よき師、よき友に恵まれた。幼にして山田方谷の門に学び、長じてもなお教えを受け、方谷の生涯を通じて薫陶されたのである。

中洲先生が陽明学の基礎に立って色々の学問をすることの出来たのは、方谷の影響である。正によき師に会い得たというべきである。

次に先生の学問が博く深くなったのは、江戸に出で昌平黌に学んだり、伊勢の斎藤拙堂の門を叩いたからであろう。

江戸の昌平黌に在ったときには、そこの学問は朱子学であり朱子学については、先生は既に知り尽くしていたので、二度程学んだ昌平黌ではあるが、ここでの学問の仕方は読書と交友であったようである。昌平黌の本を借り出しては片端から読破し四方より集って来た俊才たちと議論をしたのである。これが先生の学問を博くしたのである。

次に先生の文章家としての地歩を築いたのは、伊勢の斎藤拙堂の門下にあったときである。

このときも昌平黌に在ったときと同じように、津藩の書物を借り出しては片端から読んでいったのである。

毎日、今日は何寸読んだと、その日に読んだ本を和指《(ママ)》ではかって読んだということである。

この津藩の本を読んでいるときに、隣室では土井聱牙が酒を飲んでおり、共に深更に及んだ。この聱牙の文章はその号の如く聱牙の気がある大変立派なもので、作文の参考には非常によいもので、その遺稿は私も座右において時々見ることにしている。というのは色々な題で作っているので、どのような題が出ても参考にする文があるといってよい程であるからである。

このような文章家と起居を共にした先生、よい文の友を得たといえる。尤も先生が拙堂の門を叩こうとしたのは拙堂文名が高かったことと『拙堂文話』を読み感心したからであるということである。

拙堂の教え方は、別に講義をするわけでもなく、集ってきた人々に話をしたり、その作文を持ち帰って、次の会までに添削をしておくというやり方であった。

しかし、ここに集った人たちはみな錚々たる人たちであった。その人たちが中洲先生のところに来ては、先生の頑固な朱子学を攻撃したので、先生もまけてはいず、藩の書物係をしていた川北梅山にたのんで藩の本を借り出して読んだ。これによって先生はだんだんと折衷学の方へかたむいて行ったのである。

吉田松陰などと知ったのもこの頃である。

また先生は各地に師友を尋ねている。京都に遊んでは家里松嶹、巽遜斎らと嵐山の舟遊をし丹波に奥平小太郎を訪い、一晩中詩を作り、互いに唱和して楽しんだ。

江戸では安積艮斎、安井息軒、塩谷宕陰、藤森弘庵などを尋ねて益を請うている。

また、昌平黌に入ったときの師は安積艮斎や佐藤一斎などであったが、一斎はまた陽明学者でもあったわけである。同門には、後に先生の古稀寿の伝を書いた依田百川や長門の高杉晋作などの俊秀揃いであった。

以上のように先生は良師にあい、善友を得ている。しかも勤王の士との交際もあり、先生の学と徳とが出来上ったのである。

また時もよかったのかも知れない。

（「中洲先生行余録(4)」『二松学舎大学新聞』第二〇一号、一九八三［昭和五八］年五月一日）

出仕を勧める師、方谷の書翰

山田　琢

三島中洲先生と山田方谷翁との間に交わされた往復書簡はかなりの数になり、山田方谷全集（山田準編）に収載されている。それを読むと師弟の情宜の厚いことがわかり、その人間味が感得できる。ここにその二通を紹介しよう。

その一は、方谷翁が中洲先生に我が藩（備中松山藩・現在の岡山県高梁の地）に仕官するように勧めたものである。内容は次のようである。

一筆啓上、時下梅溽中、御挙家御揃愈御清適奉賀候、弊屋無事乍憚御夷心可被下候、誠に先日は倉卒に御尋申、閑話半日、大幸の至、且御丁寧の御饗応不勝感謝候、其後は紛忙一書の御礼も不申上、失敬打過候処、却て御投書且御高作御恵示、御情誼懇至、何以報之、万謝々々、乍憚御北堂へも呉々宜敷御謝奉希候、（中略）出処の大事、容易に御決心は無之と存候へ共、当方にても篤と相考候上申出候事故、差て不好事は御勧不申心得に候間、此段も御賢察被下度候、何卒御母兄へ厚御相談の上、其御意に御従ひ可然候事に奉存候、先は右御慫慂、且先日の御礼旁如此に御

座候、恐惶白、閏六月六日（安政四年）、山田安五郎、遠叔三島賢契座右、

右の書翰から方谷翁が中洲先生に我が藩出仕を懇望する至情が読みとれる。当時中洲先生は津藩に遊学中であった。中洲先生はこれを機に備中松山藩出仕を決心するのであるが、出仕後は方谷翁の片腕となって藩政改革に努力した。この経験が明治以降の中洲先生の活躍に役立ったことであろう。

さて別の書翰一通は、中洲先生が明治政府から司法省出仕を求められたについて、方谷翁に相談をしたところ、方谷翁がこれに答えたものである。その内容は次のとおりである。

（上略）兄御身上の出所大事件、川田（剛）より訊問に付御价書態々御差越御書面逐一熟読、御申越の次第は、第一名節、第二造物者、第三漢学衰微、第四活計難立、第五功業可成、右の条々御自省御尤至極に存候、愚案に於ては大要御出仕の方可然事に相考へ候、（中略）第一の名節は御考の通最早一毫の障りも無之明白なる事に御座候、第二造物者と申も別に一物有之にはあらす、我が方寸惻怛不忍の心が則天地生々の造物者に可有之候、其心に正しさへ候へば、御書面に有之候造物者の意に叶か不叶かは明に相分り可申、一毫も其心に於て恥る処無之候へは則其心に叶候印にて候、一点の恥る処有之候へは則其意に不叶にて、別に上帝へも天主へも尋問に不及、又是斗は他人の所知にあらす、第三漢学衰微は可歎事勿論に候へ共、かかる時こそ却て其学を固守し後世に伝へ候て、為往聖継絶学、為万世開太平の志を立申度時節、此上時勢により伏生の口授にも及不申ては不相成事も可有之候へ共、是は又其人可有之、人に皆如此可致にも無之、無理に破

れ家に住居可致にもあらすと存候、第四活計の不立には一言も無之、則敝屋にても御同一患御尤の至、何も御申越の一身糊口を憂候のみに無之八口の養も有之、第一敝屋抔にては祖先の祀を絶候様にては是は一大事と心痛罷在候、第五功業の一条川田の見込に有之候へは必相違は有之間敷、此時節に至り候は実に可賀の至に御座候、併前文申述候老生の談より申候へは、是亦不忍の心より出ると不出とは他人の所知にあらす候へは、たとへ驚天動地の功業有之候ても其是非は外よりは何とも難論事と存候、先右の条目に付ての愚存は如此、何分前文の通今般は御出仕の外は有之間敷事に御座候、為天下蒼生万々御賢労有之候様祈望の至に候、五月二十五日（明治五年）、山田方谷、

右の書翰はなお詳悉に記されているが、ここには文意を損なわない程度に節録した。方谷翁は自らは明治政府からの招請を辞退しているが、中洲先生には出仕を勧めている。その少壮有為の才気に期待したのであろう。中洲先生は時に四十三歳であった。方谷翁は六十八歳であり、備中北辺の小阪部郷に退隠していた。しかし遠く備前に出て閑谷学校を再興したのは、漢学振興の誠意の致すところであった。

（「中洲先生行余録(5)」『二松学舎大学新聞』第二〇三号、一九八三〔昭和五八〕年一一月一日）

※書翰からの引用部分については、文意の理解を尊重して、『二松学舎大学新聞』から変更した箇所がある。

異才、河井継之助との出合い

中田　勝

一八五九（安政六）年、河井継之助（一八二七—一八六八）が三十三歳、中洲先生は三十歳の時の話である。◆継之助は前年まで越後長岡藩、外様吟味役として、今でいう訴訟取扱いの役職を勤めていたが、山田方谷に直接師事したく、藩庁の許可と父の同意を得、更に塩谷宕陰の紹介状を携え、七月十六日に備中松山城下—現在、岡山県高梁市—の旅篭・花屋に旅装を解いた。訪ねる方谷は城下から三重県、西方村長瀬に移住していた。翌日、継之助は方谷の屋敷を訪ね、入門を願い出た。◆屋敷跡は現在、昭和三年に開通した伯備線方谷駅となっている。方谷駅と名付けられたのは、方谷並びに中洲先生を尊敬している地元の人が、駅名に方谷の名を残すべく努力したことによる。しかし当局は賛成しなかった。その間のいきさつを司馬遼太郎先生著「峠」一九版には、「人名は駅名にならない。というのがその理由であった。しかし地元は大いに運動した。山田方谷という学者がいかに偉大であったかということを説いたが鉄道省ではその名を知らなかった。地元では、三島中洲という名をもち出した。（中略）盛名は昭和に入っても全国に知られていた。維新後の漢学界の巨星であり、大正天皇の侍講であり、宮中顧問であった。—その中洲先生の先生が山田方谷先生であります。—という説明で鉄道省も了解し、了解した《ママ》が、先例は曲げられず『方谷は人名ではなく地名である』として命名された」と要を得て記している。方谷並びに中洲先生はその文章中にある通り、偉い人であった。◆継之助来藩時、方谷（一八〇五―一八七七）は備中松山藩の元締、今でいう財務長官の役職を後任に譲り、この時は参政兼お勝手掛りとして藩公に仕え、傍ら藩の産業開発に尽力していた。西方村長瀬に移住してみずから荒地の開墾をしていた。時に方谷は年、五十五であった。中洲先生は安政六年三月に昌平黌を辞し帰郷したが、六月、ただちに備中松山藩に召され、藩校有終館会頭に任ぜられた。中洲先生は十四歳の時、方谷の門に入り、三十歳のこの時は藩務を通して、実地に役立つ学問、それは陽明学であるとして、この学問の大切なことを痛感されていた。◆継之助が約四十間の旅をして方谷に入門したのは、陽明学を習いたい一心からであった。当時、方谷は陽明学の泰斗として世間に知れ渡っていた。継之助は十七歳の時、鶏を割き王陽明を祭り、将来は経国（国をおさめる）の人物になりたいと念願していた。その夢の第一歩がかない方谷に入門を許された継之助の喜びは如何ばかりであったろう。また方谷の骨折りで、旅篭の花屋から、八月三日には藩公の休息所、通称・水車に居を移した。◆少壮の武士、継之助のことを、越後長岡藩の人は悍馬と言っていたが、彼は鈍刀と糊塗していた。その継之助を中洲先生が訪問したのは、八月一日に続いて、八月十一日夜であった。（継之助の日記「塵壺」による）この日の夕方は大雨であった。長瀬より方谷と共に水車に帰っていた継之助は、方谷の高弟中洲先生を迎え、酒肴を出し師を囲んで歓談した。肴は、継之助が精一杯の心尽し、茄子と卵であった。

（「中洲先生行余録(6)」『二松学舎大学新聞』第二〇四号、一九八四［昭和五九］年二月一日）

異才、河井継之助が舌を巻く

中田　勝

先ず山本五十六提督愛誦の漢詩が中洲先生作「河井蒼龍窟」首題の漢詩であったことを紹介します。安藤英男編「河井継之助のすべて」という本に、「山本五十六が生涯を通じて私淑したのが、ほかでもない河井継之助その人である。山本五十六は、長岡中学の頃から、三島中洲が作るところの『河井蒼龍窟』の詩を愛誦して、志を引き立てたのである。それは、

王臣何ぞ敢えて王師に敵せん。

賊と呼び忠と呼ぶ彼も一時。

惜むべし東洋多事の日。黄泉起こし難し大男児。」とあります。七言絶句四支の脚韻であることが分かります。◆さて、話は一気に今から一二五年前の一八五九（安政六）年、河井継之助が三十三歳、中洲先生は三十歳の時に移ります。継之助の日記「塵壺」を通して、継之助から見た中洲先生について、述べて見たいと思います。これは第二〇四号新聞に続くものです。

○二十一日（七月）　晴　花屋

山田は西方の百姓、林富太郎は玉島の商人、三島貞一郎は他領の庄屋の子、林・三島両人は近頃の取立なり。

右は継之助が備中松山藩着後五日目の日記です。そこには侍の目があります。彼は方谷が藩公勝静の厚い信任を得て出仕していること、並びに中洲先生の非凡を一早《マヽ》く見抜いています。

○十三日（八月）　晴

進、外に両三輩と三島へ行く。夜、月明。蔵書目録、見るべし。夕飯、酒。

右は城外の智導寺に住む中洲先生を訪問した時の記録ですが、その際見せて貰った中洲先生の蔵書目録に舌を巻いています。

○二十四日　晴

先生帰る。この間、様々の談を聞く。昼後、先生帰後、進・林・三島来る。夜まで談ず。二朱あまり出、酒。

右は恩師口伝の「意を誠にす」についての談論と見るとき、意義が生じます。◆約六ヵ月余の備中松山での交友でしたが、この後、継之助は越後長岡藩の上席家老として、九年後の明治元年、四十二歳で北越戦争で戦死し、中洲先生は六十年後の大正八年、九十歳の長寿を全うされました。◆中洲先生は継之助を次のように見ておられます。明治二十三年八月、中洲先生撰文「故長岡藩総督河井君碑」に拠りますと、継之助は「眼は爛々と輝き、その怒るときはまなじりを決し、人仰ぎ視ることできず、自ら信ずること厚く、言論爽やかにして是非をわきまえ、一座屈服す。」又「儒を学び戦を善くすること、文成に似たり」(訳文) と記しておられます。継之助は幕末維新に当って、初めは和平交渉、後にやむなく官軍へ応戦しました。「文成」は「王陽明」でありますからして、中洲先生は河井継之助を王陽明に擬しておられることが分かります。

(「中洲先生行余録(7)」『二松学舎大学新聞』第二〇五号、一九八四〔昭和五九〕年五月一日)

吉田松陰との出合い

橋本栄治

斯文会発行『斯文』第一編第五号に、雷堂三島復先生が「三島中洲翁の逸事」の一文を寄せられている。今回はこの記事を中心に、中洲先生と吉田松陰との出合いに触れる。

先生と松陰との出合いは二度あり、ともに先生の、津藩遊学中のことであった。これより以前、天保十四年八月、先生は山田方谷の門に入塾しているが、嘉永五年三月から安政三年三月まで、許しを得て、津藩の斎藤拙堂門に遊学した。一方、松陰は嘉永六年一月、藩主から諸国遊学の許可が下りたので萩を出立、大阪、大和、桑名、大垣等を経て同年五月二十四日、江戸に着くが、その途次、交友のあった大和の森田節斎のもとに立寄り、そこを去って伊勢へ回り、神宮参拝のあと、拙堂を訪れた。松陰は、節斎からはことに啓発を受けることが多かった見えて、一時は漢文学を以て身を立てようとする志が動いたほどであったといわれる。その節斎へ、松陰は長文の手紙を送っているが、それによると五月十日、拙堂をその山荘に訪ねている。松陰曰く、「拙堂翁は誠に温温たる君子で、謙（拙堂の諱は正謙）も拙もある。拙堂山荘で相会するもの、備中生一人（中州《（ママ）》先生のこと）、美濃生一人、松坂生一人」と。「中洲翁の逸事」によると、拙堂翁が中洲先生にいわれるには、今度吉田という人が訪ねて来たが、なかなか奇抜な人だから会って見よとのことなので、同門の家里松島と同道、その宿を訪れ、一夕相語った。

当時、書生は互いに「御近製は」といって詩文を交換し、添削するのが通例であったので、中洲先生も詩文を懐にして行き、松陰からも紀行文を差出した。それから時事談に入り、攘夷国防のことに論が及んだ。松陰曰く、「山陽は小船説（外人は大船で来たり、我は多くの小船を以ってこれを取巻き、ちょうど鷹が多く集まって鶴を倒すごとき）であるが、先生の説は如何。と拙堂に尋ねたところ、我もやはり大船を以てせざるべからず。と答えられた。

自分もかねて山陽説には服さなかったが、いま拙堂の考えと暗合することを知り、大いに安心した」と。これが第一回の会見。第二回は劇的で、ほんの一瞬の出合いである。

安政元年一月十六日、ペリーの率いる米艦七隻が神奈川沖に来泊した。神奈川条約締結のための再来である。飛報は入り混じり、人心は動揺した。中洲先生は杞憂に堪えず、同月二十三日、単身津を出発、辺事を探ろうとして東下した。時に幕府は、蘆の密生する横浜の湿地にバラックを急造して米使引見の場とし、四方に衛兵を配置していた。

先生は蓑笠をつけて役丁に混じり、ひそかにこれを窺ったが、この時、志を同じくする松陰と、はからずも鉢合わせしたが、目を交し合っただけで無言のまま別れた。先生憂国の情は『探辺日録』として上梓され、世人はこれを伝写して、当時大いに読まれたという。時に、先生二十五歳。

（「中洲先生行余録(10)」『二松学舎大学新聞』第二〇九号、一九八五［昭和六〇］年五月一日）

中洲とボアソナード　貴重文献の発見まで

川久保広衛

昨年の十月三十一日付の朝日新聞（夕刊）に、ボアソナード（フランスの法学者、明治六年来日、司法省外人雇、わが国の当時の法規の初稿はほとんど彼の手になるという。）に関する貴重資料発見という記事が掲載された。記事は発見されたフランス製ノートの表紙の写真入りで、ボアソナードのわが国の法律、法学教育上の功績と、今回発見された資料の価値を紹介している。

それによると、このノートはボアソナードとのちに大日本帝国憲法の起草者となった井上毅との質問録（明治八年四月から翌九年二月）でこのノートの発見によって、井上が明治八年に拷問廃止を建言した根拠、また従来穀物取引所は英国のものにならったとされているが、じつはフランスの影響が大きいのではないか等が立証されたという。

左に、中洲文庫の法律関係資料を二、三列記してみよう。

一、民法会議録

二十二号　　　　　　二月十四日　　　八枚

二十四号　　　　　　　　　　十八枚
二十七号　　明治八年三月十四日　十八枚
　　　　　　　三月十九日　十一枚
二、罪案凡例　　　　　　　　十一枚
三、民法（明治九年十月）
　法律聞見随録　　　　　　　五十枚
四、仏国ブスケ氏商法聞見　　十枚

こう見てくると、此度発見されたボアソナードのノートのそれと比較して遜色あるを見ない。とすれば、これらの資料は単に創立者中洲所蔵故に貴重なのではなく、これは明示法制史上からみても資料として第一級のものではないか。はやく被損のひどくならない中に専門家の評価をと考え、本学の大谷教授にお話したところ、この話はさっそく斯界の権威早大福島正夫博士に持ち込まれた。福島博士は、これらの資料を一見されるや、その場で「中洲先生はボアソナードおよびブスケの講義を受講されたことは間違ありません」と断定された。

筆者には福島博士が「特別貴重」と付箋をつけられた資料が明治法制史上いかなる価値があるかは判らない。が、とにかく中洲文庫の法律関係資料が中には本家法務図書館にも所蔵されていない貴重なものであるということが斯界の権威によって判明したのである。なかには、古さのみの貴重資料もあるであろうが、全てが古さのみというのではあるまい。中洲が、明治五年司法省仕官に当って、師

方谷に受けた戒め、

足下就仕後至誠惻怛祖国家ノ為メニスル公念ヨリ出ズシテ、名利ノ為メニスル私念ニ出ズレバ、
縦令驚天動地ノ功業アルモ、一己ノ私ヲ為スニ過ギズ

と中洲は爾後この戒めを肝に銘じたという。おそらくは職務遂行のために必死の法律の修業があったのであろう。その結果が後一世紀貴重資料なのだと考えたい。また、これらの資料の中にこそ、幕末の朝敵（中洲の主君松山藩主坂倉公は最後の老中）の一藩士であった中洲が、新政府の司法官として異例の栄達をとげたといわれる所以が見い出《（ママ）》されるのではあるまいか。

（「二松学舎百年史編纂メモ⑵」『二松学舎大学新聞』第一五七号、一九七四〔昭和四九〕年七月一日）

論語と私

植村　環

私の父も母も漢学をよくしたというようなこともございまして、小さい時から、漢文というものに関心をもつように育てられました。漢学をしないと文章も上手にならないといわれまして、簡潔なことばで豊かな意味を現わすことができるから漢文をよく勉強しろというようなことを、始終いわれておりましたものですから、和文と漢文のうちでは、私は漢文のほうが親しみやすかったのでございます。もの心つきましてから住いも転々としましたが、二松学舎へはいつもゆきたいと思っておったのでございます。

私は英語をさかんに教える女子学園にいっておりまして、それからアメリカに勉強にゆきまして、ボストンのウェールズ・カレッジという大学に入りまして満四年おりましたが、それから日本に帰ってきまして、私の大変親しいお友達の森田松栄さん、この方のお姉様が山川菊栄さんといいまして、いずれも青山延寿の娘ですが、お姉様のほうは嫁にいって山川、妹様のほうは伯父の家の姓をとって森田といっておりましたが、この森田松栄さんというのは、私より四つくらい上でしたけれども、この方と二人でギリシャ語を聖マリヤの会に習いにいっていたのですが、それと同時に二松学舎にも、一週間に三遍ぐらいゆくようになったわけです。それが大正四年ごろでございます。

そのころは三島先生が教えてくださいましたが、先生はいつも和服を召して、小倉の袴を穿かれて、いかにも日本人らしい先生でした。そして非常に荘重な、重々しい口調で教えていただきました。非常に威厳がございました。

私の教わったのは三島先生だけで、ほかの先生には教わらなかったものですから、今でも覚えておるのは三島先生だけでございます。しかし学校の建物なんかは、いかにも粗末な建物でしたけれども、私はまたその粗末な建物が好きでございました。いかにもなにか漢文という気がいたしました。ですから二松学舎というと、今でもよく覚えておりますし、あそこを通るたびに、なつかしいなあという気持になります。

私たちのころは、一緒に勉強したのは、大体三十人ぐらいだったと思いますが、全部男の人ばかりで、私と森田さんとが、紅二点みたいだったですよ。当時は私が二十五才、森田さんが四つ上で二十九才でした。

当時は大体素読が中心でございますが、素読をして、先生の講義をうけたまわり、学生はみんな襟を正して謹聴し、ざわめき一つありませんでした。

私が習ったのは、論語、大学、中庸と覚えています。非常におもしろかったですね。そのうちに私は結婚したものですからやめましたが、それまで約一年半ぐらい、大正四年から五年ごろにかけまして、二松学舎に通学したんじゃないかと思います。

それからやめましてからも、父の蔵書などには古い漢文の本がありましたので、いつも読んでおりましたが、和綴じの本、古い漢学の本などがだいぶありましたが、そういうのも大地震で大部分なくしてしまいました。

私の父は植村正久といいまして、大地震の後二年ぐらい生きておりましたが、私のこの植村というのは、非常に古く、家康公のお父さんの広忠のころから仕えており、三方ガ（ママ）原の戦いでは大久保忠世、植村栄政、本田忠勝、この三人が非常に武功があり、それで植村の剣一の紋というのは有名になったということです。剣というのはつまり槍の先ですね。そういう紋を家康公からじきじきにたまわり、その後は代々漢学をよく勉強したようです。

また私の母は、紀州の人でございますが、やはり漢学や国文学で育った人でございます。そういうことで、父も母も漢学をよくしたものですから、私も小さいうちから、そういうものに親しむ機会が多かったわけでございます。

私はクリスチャンでございますけれども、孔子の教えが好きでございまして私は、後にエジンバラ大学に神学の勉強にゆきましたけれども、そして牧師になったわけでございますが、旧約聖書に箴言というのがございますが、これは昔ユダヤの王であったダビデの子のソロモンが書いたことばだということになっておりますが、だけどソロモン一人だけじゃなく、ほかの聖賢の人々も書いておると思いますが、その本と論語とがよく似ているわけですね。それでなにか相通ずるものがあるように思われるわけでございます。それでエジンバラにゆきまして、四年間勉強しまして、エジンバラ大学で学位をいただいたのでございますが、そのエジンバラにおりました時に、私はラテン語をあまり余計やっていなかったものですから、学位試験を受けるときに、私は論語の試験をしてもらいたいといって、それで論語をよく知っている英国人の試験官の方が、試験をしてくださいました。学位をとるときには、クラシックと、クラシックはギリシャ語をしなければならないのでしたのですけれども、ラテン語のほうは少し遅れていましたので、ラテン語のかわりに論語の英訳のものをやったわけです。その時私は、論語、大学、中庸と、三つだしましたが論語から一番たくさん出ました。

今でも私はこの論語というのは、いつも手近かにもっておりまして、やはりほかのものよりも、論語をより多く拝見するわけでございます。論語の中には孔子さんが、天ということを申しておりますね。天にとがめを受けるならばしかたがないとか天を怨みず、人を尤めず、自分を低くして人のためにするとかそういうようなところは、本当に箴言の中のことばによく似ております。非常に相通じておるところがあると思います。そういうところが非常に私どもにひびいてくるわけでございます。

やはり私は、孔子をよく読まない日本人はいけないなあ、孔子をよく読めば、そこからだんだんとキリスト教にも入ってゆかれるのにと思うことがございます。

日本人は、東洋人であり、日本人であるのに、むやみにこのごろは、ヨーロッパのことばだか、アメリカのことばだか、なんだかわからないものを話したり使ったりしているような、そういう感じがするけれども、やはり日本人の昔からの伝統というふうなものは大事にして、日本人が昔から与えられてきたもの修行してきたものをおろそかにしてはいけない、そういうことからすれば二松学舎というようなところに学ばれる方々には、大変期待をかけるわけでございます。

二松学舎は、高等学校も大学もありますし、ずいぶん偉い漢学者、国学者の先生方もいらっしゃいますから、そういう点では頭立った学校でございますから、そういうところで勉強される機会をもたれるということはよいことだと思います。私は二松学舎大学とは大層自分ではご縁が深いような気がしております。（ＹＷＣＡ名誉会長／女子学園理事長）

（『二松学舎大学新聞』第一一四号、一九六五〔昭和四〇〕年一二月一日）

※本文中の「三島先生」は三島中洲の三男雷堂をさす可能性もあるが、貴重な証言なので収録した。

三島中洲年譜での生年考　便宜的な西暦換算から生じたことなど

江藤茂博

一、改元により「十二月九日」は文政年間最後の日だった

二松學舍大学で掲示されている年表（二〇二二年現在）では、三島中洲は「天保元年十二月九日」に生まれたと記されている。その根拠となる、三島中洲存命中の年表（山田準発行編集の『門人編　中洲三島先生年譜』一八九九年＝明治三十二年九月）もあることから、この元号年月日が採られることとなったようである。その詳細はわからないが、三島中洲自身が生まれ年をそう考えていたのかもしれない。あるいは何らかの理由から、文政ではなくて天保生まれを意図的に自称していたことも考えられる。

しかし、この中洲の生年月日として記されてきた「天保元年十二月九日」だが、実際には「文政十三年十二月九日」とすべきであった。何故ならば、十二月九日の翌日である文政十三年十二月十日に天保元年と改元されたからである。そのため、そもそも「天保元年十二月九日」は存在しない。繰り返すと、天保年間の始まりは十二月十日からであった。中洲が生まれたのは、正しくは「文政十三

年十二月九日」と記すべきであり、生まれた翌日から天保年間が始まったのだ。

二、天保元年は概ね一八三〇年と表記される件

この「文政十三年十二月九日」は、西暦（グレゴリオ暦）ならば「一八三一年一月二二日」である。そのために、中洲の生誕は西暦でいうならば、一八三一年一月二二日ということになる。和暦では新年を迎えていない、師走の改元であったが、西暦ではすでに新年を迎えていた。つまり、和暦である天保元年に改元されたのは旧暦十二月十日であったために、その日から旧暦十二月三十日までのわずか二十一日間が天保元年なのである。そしてその二十一日の後に天保二年の新年を迎えることとなる。

天保二年の元日は、西暦ならば「一八三一年二月一三日」であるために、和暦と西暦を一致させるため、天保二年（一八三一年二月一三日から一年間）を概ね一八三一年として、便宜的に天保元年とその前の文政十三年とを一八三〇年と表記する場合がある。しかし天保元年が一八三〇年でないのは事実なので、わずか二十一日間しかない天保元年（一八三一年一月二三日～二月一二日）の間の出来事を一八三〇年に起きたことにすると、西暦に拠る期間の捉え方にずれが生じることになる。天保元年を一八三〇年と表記するのは、文政一三年（一八三〇年一月二五日～一八三一年一月二二日）と天保元年（一八三一年一月二三日～一八三一年二月一二日）を一八三〇年に、天保二年（一八三一年二月一三日～一八三二年二月一日）を一八三一年にするための便宜的なそれでしかない。

三、三島中洲の生誕年月日記載

『二松學舍百年史』（学校法人二松学舎、一九七七年一〇月）では、「天保元年十二月九日（西暦一八三一年一月二十二日）に備中国（岡山県）窪屋郡中島村（後の中洲町、今の倉敷市中島西町）で生まれた」（三―四頁）とある。これは、和暦に関しては、先に取り上げた山田準発行編集の『門人編　中洲三島先生年譜』（一八九九年九月）に拠るものだろう。しかし、『二松學舍百年史』巻末の年表には、便宜的な西暦と和暦の一対一の対応表記を取ったために、「（西暦）一八三〇（和暦）天保元（関係事項）一二・九　中洲、備前窪屋郡中村島に生る。」（一〇八三頁）となっている。ここでは、いわゆる便宜的な対照表記が採られていて、天保元年が一八三〇年と記されていた。つまり、実際の西暦一八三一年一月二二日とはずれが生じていた。

上記『二松學舍百年史』と同時刊行された、山口角鷹篇『三島中洲――二松學舍の創立者』（学校法人二松学舎、一九七七年一〇月）では、「天保元年（一八三〇）十二月九日、備中窪屋郡中島村の里正（庄屋）の家に生れた」（九頁）と記されている。この巻末の年表にも「（西紀）一八三〇（年号）天保元（年齢）一（記事）十二月九日備中窪屋郡中島村に生る」（二五七頁）と記されていた。ここでは年齢も記されていたのだが、中洲が生まれた文政十三年十二月九日は、西暦ならば一八三一年一月二二日なので、ここにある「（西紀）一八三〇」年の「十二月九日」の生まれであったとしても、実はまだ中洲は生まれていない。誕生月日としては、わずかな日数の誤差なのかもしれないが、生まれたのはそのひと月後のことである。この年表によると、一八三一年に中洲は二歳ということになり、数え年で計算しても一年早くなる。満年齢でいうならば、二年早いということになる。

ともあれ、三島中洲が「天保元年（一八三〇年）」に生まれたとするこれらの年譜が、広がっていくことになったようである。

四、中洲翁九十歳

確かに、元号の時代の三島中洲の立場に立てば、天保元年（実際は文政一三年）に生まれたとして、その天保元年に数え年で一歳となり、二十一日後には、天保二年となるので、数え年で二歳となるのかもしれない。実際の文政十三年の生まれとなると、天保二年には三歳となる。いずれにしても、天保二年に、天保元年生まれの二歳、文政生まれの三歳と認識されるならば、前者の方がまだ実年齢に近いということかもしれない。これらの歳の数え方は、いずれも西暦でみると一八三一年での中洲の年齢だからだ。

三島中洲は、一九一九（大正八）年五月一二日に没した。九十歳ということで新聞に報じられている。「天保元年（一八三〇年）」に生まれたとしたほうが、確かに中洲数え年九十歳として整合性がそこに生まれる。しかし天保元年は一八三一年であり、一八三〇年とするのは便宜的な表記でしかないことはすでに記した通りである。中洲自身がどのように自身の年齢を計算していたのかは、『門人編　中洲三島先生年譜』（一八九九年九月）が示しているのかもしれない。しかし、文政十三年の生まれではなく天保元年の生まれとして、実年齢との乖離を避けたとしても、一九一九（大正八）年五月での満年齢は八十八歳と四か月となる。新聞報道による九十歳という年齢は、その乖離を埋めることなく中洲が生きたことを示していた。

このような記述が、後年、天保元年を一八三〇年とする便宜的な表記と結びつくこととなり、二松學舍関係の書籍等での中洲生誕年について誤記が生じることになった。

（『二松学舎史パンフレット』創刊号、二〇二二［令和四］年三月）

【附録】

幕末維新期の人的交流

近代日本経済の父・渋沢栄一と近代日本を生きた漢学者・三島中洲

渋沢栄一と三島中洲は、それぞれの立場で、日本の近代化に必要な産業育成と人材育成に力を尽くした。盟友二人の直接の出会いは、三島中洲が岡山で第八十六銀行設立の際に、渋沢栄一に相談した時になるのだろうが、渋沢栄一が幕末に出会った岡山興譲館館長の阪谷朗廬とも、同郷の漢学者三島中洲は交流があった。その阪谷朗廬の四男芳郎は、渋沢栄一の婿であり、東京帝国大学では三島中洲の漢文学を受講した、いわば弟子でもあったのだ。阪谷芳郎は、大学卒業後は官僚となるが、後の東京市長であり、大蔵大臣であり、また、師三島中洲との交流のなかで、義父渋沢栄一と一緒に二松学舎を支えた人物でもある。こうして幕末期から続く人物たちの交流が、やがて激動する近代日本社会の中でも世代を超えて広がっていく。実際には、もっと多くの人間関係の網を背景に持つ社会の動きであったことは承知のうえだが、ここでは渋沢栄一と三島中洲の交流を中心に取り上げてみた。

（江藤茂博）

主な著書・小説・伝記で読む幕末維新期の人的交流

大塩平八郎

著書・「洗心洞劄記」
小説・森鷗外「大塩平八郎」
北方謙三「杖下に死す」
伝記・幸田成友「大塩平八郎」

徳川慶喜

小説・山岡荘八「徳川慶喜」
司馬遼太郎「最後の将軍－徳川慶喜」
伝記・渋沢栄一編「徳川慶喜公伝」

佐藤一斎

著書・「言志四録」

佐久間象山

伝記・大平喜間多「佐久間象山伝」
松本健一「評伝　佐久間象山」
小説・神坂次郎「幕末を駆ける」

山田方谷

著書・「山田方谷全集」
小説・童門冬二「山田方谷」

小林虎三郎

著書・「興学私議」
小説・山本有三「米百俵」（戯曲）

渋沢栄一

著書・「論語と算盤」「渋沢栄一全集」
自伝・「雨夜譚－渋沢栄一自伝」
小説・城山三郎「雄気堂々」

阪谷朗廬

著書・「郎廬詩話」
伝記・「阪谷郎廬先生五十回忌記念」

河井継之助

著書・「塵壺」（日記）
小説・司馬遼太郎「峠」
伝記・今泉鐸次郎「河井継之助伝」

三島中洲

著書・「中洲文稿」
伝記・戸川芳郎「三島中洲の学芸とその生涯」

実業家 渋沢栄一 と 漢学者 三島中洲

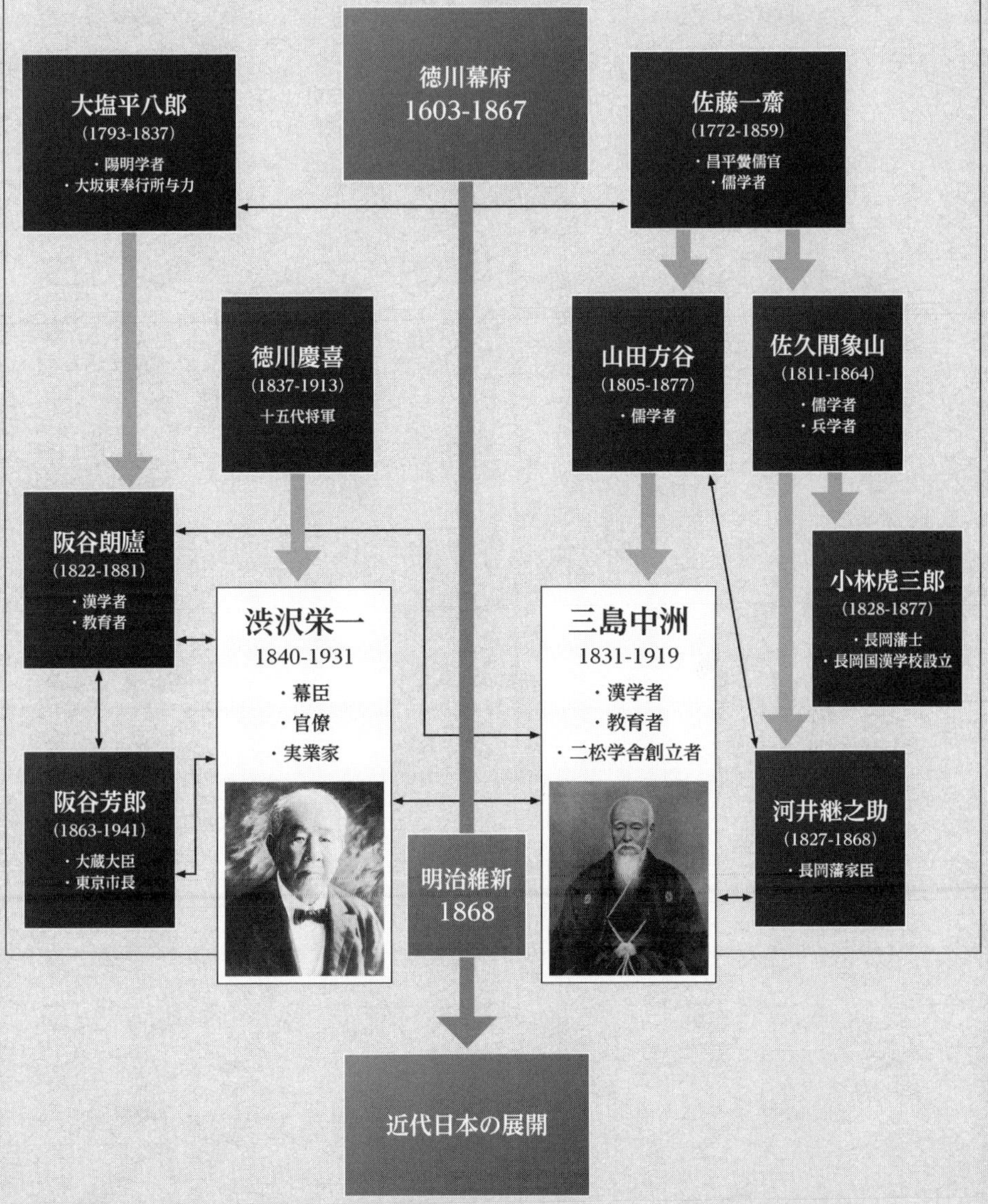

徳川幕府
1603-1867
大塩平八郎
(1793-1837)
・陽明学者
・大坂東奉行所与力
佐藤一齋
(1772-1859)
・昌平黌儒官
・儒学者
徳川慶喜
(1837-1913)
十五代将軍
山田方谷
(1805-1877)
・儒学者
佐久間象山
(1811-1864)
・儒学者
・兵学者
阪谷朗廬
(1822-1881)
・漢学者
・教育者
小林虎三郎
(1828-1877)
・長岡藩士
・長岡国漢学校設立
渋沢栄一
1840-1931
・幕臣
・官僚
・実業家
三島中洲
1831-1919
・漢学者
・教育者
・二松学舎創立者
阪谷芳郎
(1863-1941)
・大蔵大臣
・東京市長
河井継之助
(1827-1868)
・長岡藩家臣
明治維新
1868
近代日本の展開

三島中洲関係年譜

文政一三年（一八三〇）／天保元	一歳	一二月九日（一八三一年一月二二日）、備中国中島村（現在の倉敷市中島）に生れる。幼称は広次郎、後、貞一郎と改める。父は寿太郎。江戸初期より同村の庄屋を一族が務める。祖父の伝太郎以来、中洲の生家が庄屋。母柳は、大谷村（現金光町）の大庄屋、暦算家の小野光右衛門の長女。
天保二年（一八三一）	二歳	丸川松隠歿、七四歳。
天保八年（一八三七）	八歳	郷師につき、字を学ぶ。父寿太郎、江戸出張中に客死、三三歳。
天保九年（一八三八）	九歳	山田方谷の牛麓舎開塾。母柳、祖父の光右衛門と共に、寿太郎をしのんで伯耆大山に登山。
天保一一年（一八四〇）	一一歳	西阿知の丸川（若原）龍達につき、四書五経の句読を受ける。
天保一四年（一八四三）	一四歳	八月、牛麓舎に入塾。鎌田玄渓、玉島に有餘館を開塾し、川田剛入塾。
弘化元年（一八四四）	一五歳	備中松山藩主板倉勝静入封。山田方谷、勝静の侍講となる。
弘化二年（一八四五）	一六歳	二月、祖父伝太郎歿、七四歳。この年、方谷に名を請い、名を毅、字を遠叔と名付けられる。
弘化四年（一八四七）	一八歳	方谷、津山藩に天野直人を訪ね砲術を学ぶ、中洲も同行。一ヶ月滞在。夜は本源寺にて古本大学を講じる。
嘉永元年（一八四八）	一九歳	牛麓舎塾長となる。玉島に川田剛を訪ねる。
嘉永二年（一八四九）	二〇歳	四月、勝静襲封。▼八月前藩主勝職、江戸に歿す。同月、讃岐に遊ぶ。▼一二月、方谷は藩の元締となり吟味役を兼ねる。▼この年、中洲の兄の正縄が租米を運ぶため江戸に行き、中洲は代りに家に戻る。
嘉永三年（一八五〇）	二一歳	松山藩、この年より藩政改革を断行。方谷は多忙で、中洲が牛麓舎の講義を代行。この年から貞一郎と名乗る。
嘉永四年（一八五一）	二二歳	六月、勝静、奏者番に任じられる。

嘉永五年（一八五二）	二三歳	三月、松山を去り伊勢津藩に遊び斎藤拙堂に師事。
嘉永六年（一八五三）	二四歳	伊勢津藩に滞在。二月に伊賀上野に遊び、大和月瀬、南都笠置等を訪れ「探梅日録」を著す。▼六月、ペリー浦賀に来航。▼七月、プチャーチン長崎に来航。▼九月、幕府大船建造の禁を解く。
安政元年（一八五四）	二五歳	伊勢津藩に滞在。正月、ペリー再び浦賀に来航。江戸にペリー艦隊の探索に出る。三月、津藩に帰る。「探辺日録」を著す。▼八月、日米和親条約を締結。
安政二年（一八五五）	二六歳	伊勢津藩に滞在。正月、清国の漂流船が志摩鳥羽に漂着。中洲、感ずるところあって、「屯兵策」を著す。
安政三年（一八五六）	二七歳	三月、津藩を辞して帰郷。川北梅山の証言（「送三島遠叔序」）によれば、津藩遊学中の著作は一五種。「詩書輯説」二巻、「禹貢図」一巻、「三天図」一巻、「尚書古今文系表」一巻、「漢書百官志図」一巻、「明史職官志図」四巻、「温史通論」一巻、「明史名臣及宰相品第」各一巻、「古今人文集」一七巻、「渉猟日記」一〇巻、「権輿雑誌録」三巻、「問津稿」二巻、「探梅日録」一巻、「探辺日録」一巻である。帰りに京都により、家里松島、安藤秋里、池内陶所、家長韜菴、奥野小山等の諸儒を歴訪。小山は「問津稿後」を書き、「連編雄麗、才気筆端に溢る。僕かつて少年文豪を評して云はく、高松に片山冲堂あり、福山に浜野以寧ありと。今また一句を添へて曰く、備中に三島遠叔ありと。」▼五月、母と讃岐に遊び金比羅宮を拝す。この年は家で読書。書斎は古桐の南にあり、桐南精舎と号す。▼八月、アメリカ総領事ハリス下田に着任。
安政四年（一八五七）	二八歳	六月、進昌一郎が方谷の書を持って来訪、仕官を勧め、松山藩に仕官。学費三口糧を受ける。▼八月、勝静、寺社奉行となる。▼九月、播磨諸藩に遊び京都にいたる。家里松島、巽遜斎らと嵐山にて舟遊に興じる。丹波亀山に行き、奥平小太郎の家に宿す。川田剛を近江大溝の寓居に訪ね、方谷の松山藩仕官の意を伝え、共に竹生島に遊ぶ。▼一〇月、京都を発ち津藩の旧師友を訪ね、江戸に出て安積艮斎・安井息軒・塩谷宕陰・藤森弘庵等の諸儒を歴訪。

安政五年（一八五八）	二九歳	四月、井伊直弼、大老に着任。同月、昌平黌に遊ぶ。江戸の水本成美、会津の高橋彰広・広沢安任、佐賀の長森敬斐、伊予の藤野正啓、仙台の岡千仭、富山の岡田信之、竜野の股野琢、加賀の野口之布、大村の松林漸、長門の高杉晋作らが一時在寮。▼六月、日米修好通商条約に調印。紀州藩主徳川慶福を将軍継嗣に決定。▼一〇月、小野光右衛門歿、七四歳。
安政六年（一八五九）	三〇歳	二月、勝静、寺社奉行を罷免される。▼三月、昌平黌を辞して帰郷。▼五月、備後福山に浜野以寧を訪ね、共に森田節斎を藤江の寓居に訪ねる。▼六月、新たに禄五〇石を賜い、大小姓、有終館会頭となる。城外の智導寺に寓居。▼七月、河井継之助、松山に来遊。▼九月、安政の大獄始まる。同月、佐藤一斎歿、八八歳。▼一二月、岡田藩士の娘三宅蔦と結婚。
萬延元年（一八六〇）	三一歳	三月、桜田門外の変。▼四月に昌平黌に再遊。詩文掛となる。
文久元年（一八六一）	三二歳	二月、勝静、寺社奉行に再任。方谷、特命により上京し勝静の顧問となる。中洲は勝静に書を奉じて学政を論じ、帰藩してその改革に当るべく命があり、四月、吐血した方谷に同道して松山に帰藩し、吟味格となり有終館学頭となる。進昌一郎宅に寓居。▼六月に小高下に宅を賜わり移住。虎口渓舎と名付ける。塾生が増え、新たに塾舎を新築。南舎という。
文久二年（一八六二）	三三歳	正月、坂下門外の変。▼二月、和の宮降嫁。▼三月、勝静、老中となる。▼六月、勅使大原重徳、島津久光と共に東下。▼七月、一橋慶喜、将軍後見職となり、松平春嶽、政事総裁職となる。▼閏八月、松平容保、京都守護職となる。▼一〇月、勅使三条実美、姉小路公知、東下して将軍上洛を促す。同月、勝静の密命を受け、西国視察の旅に出る。一〇月中旬に松山を立ち、一一月には北九州の諸国を巡り、長崎に到着。長崎の清国人林雲逵と筆談し、「瓊浦筆談」を著す。同月、方谷は勝静に辞任を勧め、自分も致仕を願う。同月、快風丸、試運転。▼一二月、筑後、肥後の諸藩を経て日向清武に到着。同月、方谷は致仕を許されるが、当分は江戸に留めおかれる。
		清武で正月を迎える。日向豊後の諸藩を巡り、馬関より舟で備後に着き、二月初旬に松山に帰る。「西国探索録」「観風詩録」を著す。▼二月、妻の蔦、女児花枝を生むが産後の経過が悪く歿、二四歳。三月、花枝もまた死す。同月、中洲、軍艦掛を兼任。同月、将軍家茂入京。勝静も従う。▼四月、松平春嶽、辞職して帰国。勝静、辞職の機会を失う。中洲

文久三年（一八六三）	三四歳	は四月に入京。林富太郎と共に君側にあって補佐。方谷は年初に一旦帰国の後、上京。幕府、五月一〇日を以て攘夷の期限と上奏。▼五月、長州藩、下関で外国軍艦を砲撃。同月、家里松島暗殺される、三七歳。▼六月、将軍は海路江戸に戻り勝静も従う。勝静は辞表を出すが、結局辞職せず。▼七月、薩英戦争起る。▼八月、吟味役に転ずる。同月、会薩同盟成立。▼九月、帰藩。▼一一月、喜多村雪と結婚。
元治元年（一八六四）	三五歳	正月、将軍家茂再度入京。▼五月、将軍家茂江戸に戻る。▼六月、勝静、老中を退く。▼七月、蛤御門の変。同月、学頭と隣好掛を兼任し、岡山藩に使者に立つ。隣好を修め、備中海岸七村の巡視を行う。この七村は幕府管轄であり松山藩に防衛の命があったためである。▼八月、幕府、長州征伐を命令。▼九月、福山藩に使者に立つ。▼一一月、第一次征長始まる。松山藩は山陽道の先鋒となり、一一月三日に松山を進発。中洲は小荷駄奉行兼陣場奉行として従軍。一〇日に広島に到着、兵は一二の寺に分駐。しかし攻撃は中止。一二月二八日に撤兵。
慶応元年（一八六五）	三六歳	元日を広島で迎える。勝静は二月に帰藩。中洲も同月二〇日に帰国。▼閏五月、京都守護職の会津藩主と京都所司代の桑名藩主、将軍後見役（慶喜）の意志を受け、連署にて勝静の復職を勧める。中洲は勝静の返書を持って両藩主に謁見し、これを固辞。▼七月、斎藤拙堂歿、六九歳。▼九月、福山藩に使者に立つ。▼一〇月、開港の勅許。同月、幕命により勝静入京。中洲も従う。勝静、老中に再任。
慶応二年（一八六六）	三七歳	正月、薩長同盟成立。▼四月、第二奇兵隊の脱走兵が倉敷代官所を襲撃し、中洲の甥定太郎が戦死、一八歳。▼五月、岡山藩主の使者が来訪。同月下旬、勝山、津山の諸藩に使者に立つ。▼六月中旬、倉敷騒動の際の岡山藩兵との摩擦の調整のため岡山藩に使者に立ち、藩主と日置帯刀に謁見。同月、武備掛を兼ねる。下旬、度支の職務のため入京。勝静に謁し七月下旬に帰国。▼七月、将軍家茂、大坂城にて薨去。方谷、一橋公を立てて開港勅許以前の攘夷を表彰し、公明な政治を行う大挽回策を上奏。▼一〇月、中洲、この藩論を以て入京。▼一一月中旬、中洲、度支の職務のため大坂に使役。慶喜は既に将軍となり在京。勝静も従う。中洲は入京して謁見。▼一二月中旬に帰藩。

慶応三年（一八六七）	三八歳	昨年秋の不作で、近隣諸国では一揆が頻発して物情騒然としていたが、松山藩は早くから官庫を開いて救済し封内は穏やかであった。▼三月、中洲に功があり、賞金を賜わる。同月、岡田藩に使者に立つ。春、倉敷代官が欠員の間に、哲多郡の村民が村役人を訴えたが、村役人が代官所の属吏に賄賂を贈り逆に村民が捕えられ、一郡騒然となる。幕吏の杉浦竜八郎が中洲に相談し、村役人を罰して解決。▼九月、奉行格となり、洋学総裁を兼ねる。▼一〇月、大政奉還が上奏される。▼一二月、王政復古の大号令。同月、岡山藩に使者に立つ。
明治元年（一八六八）	三九歳	正月、鳥羽伏見の戦。藩老大石隼雄らと鎮撫使軍を美袋に迎えて降伏、松山開城。熊田恰自刃、四四歳。中洲は三浦泰一郎（仏巌）と共に鎮撫使の応接に当る。勝静は兵乱にまぎれ東北に向かう。藩士は微行して探索に当たり、社稷回復を図る。▼三月、五ヶ条の御誓文。▼四月、討幕軍江戸入城。▼五月、奥州で戦い始まる。▼八月、河井継之助、会津山中にて戦死、四二歳。同月、松山藩は勝弼を江戸より迎える。同月、長子桂、誕生（側室赤木氏の子、妻雪が引き取る）。▼九月、会津降伏。
明治二年（一八六九）	四〇歳	二月、次女梅子、誕生（妻雪の実子）。▼四月、勝静、函館を脱出、東京で自首し安中藩に預けられる。▼五月、榎本武揚ら函館にて降伏。▼六月、版籍奉還。▼八月、勝静父子、安中藩で終身禁固となる。▼九月、鎮撫使軍撤兵。藩は二万石で復活。勝弼は高梁藩知事に任じられる。▼一二月、中洲は致仕を願い出る。
明治三年（一八七〇）	四一歳	正月、家督を長男桂に譲り、姓を改め上田（遠祖の姓）と称し、中洲と号す。▼二月、知事の家令となる。▼三月、次女梅子歿、二歳。▼四月、高梁藩の権大参事に推されるが固辞。▼五月、新塾落成。此塾と名付ける。来塾者数一〇名。▼閏一〇月、妻喜多村雪歿、二八歳。
明治四年（一八七一）	四二歳	正月、妹尾沢子（美作市瀬村の庄屋輿太郎の妹）と結婚。次子廣、誕生（側室赤木氏の子。妻沢子が引き取る）。▼二月、塾を新設し、西塾と名付ける。この頃塾生およそ六〇名、三備、因州、播州、作州、和泉、豊州の人たちである。▼三月、林富太郎歿、五九歳。▼七月、廃藩置県。中洲、家令を辞す。▼九月、母柳歿、六三歳。

明治五年（一八七二）	四三歳	二月、勝静ら釈放。▼三月、三女藤乃、誕生（妻沢子の実子）。▼七月、徴命あり。八月中旬に上京。湯島の板倉邸に寄寓。▼九月、司法省七等出仕。姓を三島氏に復す。▼一一月、東京裁判所勤務。同月中旬に家族が上京。
明治六年（一八七三）	四四歳	三月、司法権少判事。▼四月、足柄裁判所に赴任するが変更となり、五月、新治裁判所長となり土浦に赴任。塚本氏宅に寄寓。▼六月、正七位。▼八月、はじめて避暑の休暇。二五日、長子桂をつれて霞ヶ浦に舟をうかべ、香取神社を拝し、利根川を下り、鹿島神社を拝し、大洗神社に詣で、水戸を経由、九月二日、土浦に帰着。▼一一月一一日、家族で筑波山に登る。
明治七年（一八七四）	四五歳	二月、佐賀の乱。同月、明六社が実際の活動をはじめる。▼五月、萬里小路藤房の遺跡を藤沢村に訪ね、北畠親房の遺跡を小田村に訪ねる。後にこれらの人の建碑のため撰文。▼八月、日光に遊び中禅寺湖、華厳の滝を見、温泉に浴す。九月一〇日に帰着。
明治八年（一八七五）	四六歳	四月、東京裁判所に転じて東京に戻る。新治におよそ二年。常陸は古来健訟の地と言われ、幕末から維新に際して未決着の訴訟が滞積していたが、一年で訴訟はやや暇になった。近くの名勝を訪ね、詩文が溜まって巻をなす。「霞浦游藻」という。▼五月、七等判事となる。同月、六等判事に進む。▼六月、一番町に邸を求めて移住。▼九月、従六位。▼一〇月、民事課を兼掌し、訴訟規則を草す。この年、籍を東京に移す。
明治九年（一八七六）	四七歳	二月、大審院民事課に転じる。同月、汽船衝突事件の裁判のため判事七人が特選され、中洲もこれに加わる。
明治一〇年（一八七七）	四八歳	二月、西郷隆盛ら鹿児島を進発、西南戦争始まる。▼六月、山田方谷歿、七三歳。同月、大審院判事を退職。▼八月、帰郷して先祖の墓に参り、方谷を西方村に弔う。▼九月、帰京。同月、西郷隆盛、城山に死す。▼一〇月一〇日、漢学塾を設立。▼一一月、高梁の旧宅を売却。東京を終焉の地とする。同月、修史館一等修撰長松幹が来訪し、討薩実録を撰することを勧めるが固辞。▼一二月、邸内に塾を新築。二松学舎と名付ける。この頃塾生およそ五〇名。

明治一一年（一八七八）	四九歳	二月、東京師範学校長の秋山恒太郎の要請により東京師範学校に出講。同月、勝静・勝弼・川田剛・中洲・神戸謙二郎・堀周平を発起人に、第八十二国立銀行創立願書を提出。▼四月、同街城井氏邸を借り、塾生を置く。これを第二外塾と呼ぶ。同月、大石隼雄の長女を養女として杉本重遠に嫁がせる。▼五月、八十二国立銀行、認可。▼六月、壱番町四四番邸を買い、第一外塾という。塾生およそ二〇〇人。▼八月、山田方谷の碑銘を撰文。▼一一月、富士見町豊原氏邸を借り塾生を置く。名付けて第三外塾という。併せて四塾。塾生およそ二五〇人。▼一二月、末子復、誕生（妻沢子の実子）。
明治一二年（一八七九）	五〇歳	二月、東京大学総理の加藤弘之が来訪。漢学部の講師を要請。中洲これを受諾。▼四月、神戸謙二郎歿、五七歳。▼八月、明宮（後の大正天皇）誕生。
明治一三年（一八八〇）	五一歳	一月に四四番邸に柳塾と名付けた新塾を新築。第二外塾を廃す。▼二月、一番町四五番邸を買い、寒流石上一株松舎と名付けてここに住む。四六番邸を本塾として講堂をおく。▼六月、「二松学舎翹楚集」に、中江兆民「論公利私利」が掲載される。兆民は以後、明治一五年ごろまで在塾。▼七月、長子桂を連れて伊香保温泉にゆき、「澡泉餘事」を著す。▼九月、更に新塾を四四番邸に建てる。第三外塾を廃止する。
明治一四年（一八八一）	五二歳	一月、阪谷朗廬歿、六〇歳。▼五月、兄舒太郎及び妹増が上京。▼六月、下谷天王寺に土地を買い、浅草華徳院にあった父の墓を移す。同月、富士見町三三番邸を買い、梅塾と名付ける。あわせて三邸。塾生およそ三〇〇人。▼八月、東京大学教授となる。八月一〇日の「興亜会報告第十八集」に、三島毅が新たに同盟員になったとの記事あり。▼九月、正六位。▼一〇月、江木鰐水歿、七二歳。この年、夏目漱石入塾。
明治一五年（一八八二）	五三歳	四月、長子桂、栃木県にいる進昌一郎のもとに遊学。▼五月、東京大学古典講習科発足。▼八月、桂、廣の二子と娘藤乃を連れて伊香保温泉に浴す。▼一〇月、鷲津毅堂歿、五八歳。▼一一月、東京大学古典講習科に漢書課増設。
明治一六年（一八八三）	五四歳	二月、従五位となる。▼三月、長子桂、備中興譲館に遊学。▼八月、上総鹿野山に遊ぶ。諸名勝を観て一七日帰京。「小図南録」を著す。同月、神崎貞三郎の第二女を養女とし、小野静雄に嫁がせる。

明治一七年（一八八四）	五五歳	八月、門人の斎藤良一の誘いによって次子廣と共に、横須賀造船所を観、浦賀、金沢に遊び、富岡の海岸に浴す。帰って、「三日文詩」を著す。▼九月、長男桂、備中より戻る。▼一一月、進昌一郎歿、六四歳。
明治一八年（一八八五）	五六歳	二月、長子桂が東京大学古典講習科漢書課に入学したが、四月に海外留学のため大学中退、横浜からサンフランシスコに出発。▼七月、三女藤乃歿、一四歳。▼八月、東京師範学校嘱託を辞める。▼九月、九月二五日の「亜細亜協会報告」に、三島毅が一般会員から賛成会員になるとの記事あり。▼一二月、東京学士院会員となる。同月、節酒会にて「周易説卦講義」を講演。この年、東大古典講習科、新規募集停止。
明治一九年（一八八六）	五七歳	一月、東大総理、加藤弘之から渡辺洪基に交替。▼三月、東京大学教授を退く。同月、東京大学、帝国大学となる。同月、南総の千葉禎太郎の誘いに応じ、次子廣と南総に遊び、梅花村荘に宿す。また町田桃林を観、「南総応酬詩録」を著す。▼八月、佐野の人須永元及び在地の門人たちがその地に招いたため、近金山、行道山、唐沢山、磯山などを見、足利学校を見、日光山に遊んで帰る。その間一九日。「印須日録」を著す。同月、玉乃世履歿、六二歳。▼一〇月、東京学士会院にて「義利合一論」を講演。
明治二〇年（一八八七）	五八歳	二月、東京学士会院にて「会人所聚日道の解」を講演。▼四月、山梨県都留の人の招きに応じて谷村文墨会に赴き、西涼寺に宿し、二〇日に帰京。「南峡詩録」を著す。▼七月、故あって長子桂の戸主を廃止。中洲自身が戸主に戻る。同月、甲斐人の招きに応じて文墨会に赴き、巨摩渓に遊び、身延山に登る。富士川を下り、塔沢温泉に浴して帰る。「北峡詩録」を著す。▼一一月、東京学士会院にて「修身衛生理財合一論」を講演。▼一二月二八日、廣、復の二子をつれて熱海温泉に遊ぶ。
明治二一年（一八八八）	五九歳	三月、大審院検事となる。奏任官三等。専ら新撰民法の編纂に従事。▼五月、東京学士会院にて「崇神論」を講演。▼八月、司法省の優命により熱海に避暑して民法草案を修正。▼九月、熱海を発って絵島に遊ぶ。これより先に文部省は学制を改革。このため都下で漢学を講じるものは多く閉塾に至ったが、二松学舎は継続。中洲は在官のまま毎朝早くに講義してから出勤するという生活を続けた。この頃までの塾生およそ三〇〇〇。▼一二月、休みを乞うて池上温泉に浴す。この年、東大古典講習科全廃。

明治二二年（一八八九）	六〇歳	二月、明治憲法発布。▼四月、板倉勝静歿、六七歳。▼九月、大石隼雄の第六女を養女とし、一〇月に加賀人大城戸宗重に嫁がせる。▼一一月、東京学士会院にて「強肉弱食の説」を講演。同月、憲法発布記念章を賜わる。
明治二三年（一八九〇）	六一歳	四月、山田方谷の孫娘を養女とし熊田鐵次郎（山田準の兄）に嫁がせる。▼五月、斯文学会にて「陽明四句訣の略解」を講演。同月、妹尾武太郎の妹信子（妻の姪）を養女とし、八月、備前人児島献吉郎に嫁がせる。同月、河井継之助の碑文を撰文。▼一〇月、東京学士会院にて「古礼即今法の説」を講演。同月、判事に転じて休職。同月、教育勅語発布。▼一一月、明治憲法施行。同月、皇太子に立太子の賀詩を献じ、皇太子より千歳菊を賜わる。
明治二四年（一八九一）	六二歳	一月二二日、元田永孚死去、七四歳。四月に病むが半月で癒える。この年より髭を蓄えはじめる。▼六月、中村敬宇歿、六〇歳。▼七月、長子桂がワシントン法律大学を卒業して帰国。東京学士会院にて「公論是凡論の説」を講演。▼九月、養女辰子が旧高梁藩人柳井貴三に嫁ぐ。▼一一月、桂、大隅重信の養女（武富圯南の女）と結婚。この年、東京専門学校（早稲田大学）講師となる。
明治二五年（一八九二）	六三歳	一月、桂、離婚。▼二月、鎌田玄渓歿、七四歳。▼四月、斯文学会にて「競争謙譲相済説」を講演。▼五月、東京学士会院にて「孔子自釈仁説」を講演。▼七月、桂、小永井小舟の娘と結婚。▼九月、国学院に出講。▼一〇月、復をつれて大磯と小田原に遊び、「遊湘小稿」を著す。
明治二六年（一八九三）	六四歳	一月、東京学士会院にて「勤王在勤民の論」を講演。▼七月、廣、復の二子をつれて備中に帰り、祖先及び山田方谷の墓に参拝。兄弟、親戚を訪れ讃岐に遊ぶ。▼九月に帰京。「帰展日誌」を著す。▼一二月、東京学士会院にて「性の説」を講演。
明治二七年（一八九四）	六五歳	七月、復と共に越後に遊び、門人数名を連れて佐渡にわたり鉱山を観る。にわかに脳出血を患う。▼八月、越後赤倉に帰り、温泉に浴して病ほとんど治癒。同月、日清戦争始まる。▼九月帰京。「赤倉二十勝記」「擬陸遊誌」を著す。▼一〇月、東京専門学校（早稲田大学）講師を辞す。▼一二月、家産を三子にわける。この年、次子廣、二松学舎舎長となる。

明治二八年（一八九五）	六六歳	四月、日清戦争終結。▼五月、神崎貞三郎の第三女を養女として、摂津の人久保雅友に嫁がせる。▼一〇月、帝国大学文科大学講師となる。東京学士会院にて「学問の標準」を講演。
明治二九年（一八九六）	六七歳	一月、復と大磯に遊ぶ。▼二月、川田剛歿、六七歳。これにより三月、東宮職御用掛となり勅任官に準じる。帝国大学講師を辞す。▼六月、東宮侍講、勅任三等、三級俸となる。同月、天皇、皇后、皇太子より夏衣一函及び金若干を賜わる。▼七月、正五位に任ず。皇太子に従い日光（田母沢御用邸）に避暑。同月、東京学士会院にて「仁斎学の話」を講演。▼八月、休暇を賜わり塩原温泉（満寿家）に浴す。九月、帰京。▼一一月、皇太子より少尉旧軍服及び菊章旧衣装を賜わる。▼一二月、天皇、皇后、皇太子より冬衣及び金若干を賜わる。これより毎年夏冬にこれを賜わる。二四日、皇太子の沼津避寒に従う。
明治三〇年（一八九七）	六八歳	一月、皇太子、沼津行宮にて開講。「沼津十六景記」を著す。▼三月、皇太子に従って帰京。▼四月、弘道会にて「三利説」を講演。▼六月、東京学士会院にて「孔子非守旧家弁」を講演。同月、勲四等、瑞宝章。▼七月下旬、暇を乞い伊香保温泉に避暑。▼八月、板倉勝静の碑銘を撰文。八月三一日、皇太子の一八回目の誕生日にあたり、葉山に赴きこれを賀す。皇太子より酒と物を賜わる。数日間侍講して帰京。▼一〇月、桂、三番目の妻満寿との間に、長子一誕生。▼一一月、皇太子より久保田米僊の画幅を賜わる。この年、板倉本支両家の家令を実質上辞す。明治四年に正式に家令職を辞したが実質的にはこの年まで続いていたものである。
明治三一年（一八九八）	六九歳	一月、葉山にて侍講。▼四月、沼津にて侍講。▼五月、皇太子に従って帰京。同月、川田剛の碑銘を撰文。▼六月、遠祖上田孫次郎実親の碑銘を撰文。山田村鬼身城の麓、華光寺境内に建立。▼七月、皇太子に従って沼津に赴く。▼八月、大宮浅間神社に詣で名勝を探訪し、「獄麓吟草」を著す。同月、島田重礼歿、六一歳。▼九月、沼津にて侍講。▼一〇月、皇太子が京都の先陵を拝すため出発。中洲は大磯駅まで見送る。同月、「中洲文稿第一集」発行。▼一一月一一日、皇太子が帰京し、土産数種を賜わる。
明治三二年（一八九九）	七〇歳	一月、講書始に「周易」泰卦を進講。皇太子に従って沼津に侍講。▼三月、子爵板倉勝達の第三男勝輝を仮子とし、更に備前野崎武吉郎の次女の婿とする。同月、兄舒太郎歿、七三歳。廣が代りに会葬。同月、文学博士（根本通明、三上参次らと同時）。▼四月、皇太子に従って葉山に移る。▼五月、「中洲文稿」を天皇、皇后、皇太子に献ず。皇太子より写

真像を賜わる。東宮侍講を命じられて以来、皇太子に従って各地に赴く間にできた詩が一巻となり、「陪鶴余音」と名付ける。▼六月、古稀の寿宴を上野公園梅川楼に開き、門人らが銅像を鋳造して献ず。参会者一五〇人。同月、沼津に赴く。▼七月、帰京。同月、暇を乞い箱根の湯に皮膚病を癒す。「蘆泉余滴」を著す。▼八月、日光の離宮にて侍講。同月、大石隼雄歿、七一歳。▼九月、東宮に従って帰京。播州舞子の行宮にて侍講。同月、兄の墓参のため帰郷。▼一〇月、重野安繹、三島中洲、吾妻兵治、松本正純ら、善隣訳書館を創立。日清提携の理念に基づき、日本が受容した西洋の「新法」を中国に提供することを目的とした。▼一一月、「舞子陪遊詩暦」を著す。同月、軍艦で沼津に帰る。▼一二月、軍艦に陪乗し、葉山に帰る。勅任二等、二級俸となる。

明治三三年（一九〇〇）	七一歳	一月、講書始に「大学」絜矩章を進講。葉山に赴く。同月、秋月韋軒歿、七七歳。▼三月、暇を乞い帰京。古稀の寿宴を芝紅葉館に開く。参会者三〇〇人。皇太子より寿詩及び菊章銀杯を、有栖川宮より寿詩及び銀製煙草小箱を賜わる。この日に贈られた詩文は数百、「従心寿言」と名付ける。同月、再び葉山に赴く。ある日、皇太子は王陽明の四句訣の簡易さを誉め、座右に掲げるため大書を命ず。▼四月、皇太子に従って沼津に赴く。▼五月、皇太子に従って帰京。同月、皇太子、納妃の典を挙げる。天皇より旭日小綬章を賜わる。皇太子より菊花三重銀杯及び白縮緬一匹を、妃より白綢一匹及び魚価五〇円を賜わる。▼七月、東京学士会院にて「学問唯知の説」を講演。▼八月、日光の離宮にて侍講。九月帰京。▼九月二四日正午、千種殿にて天皇の陪食を賜わる。▼一一月一一日、天皇、皇后に従い、一七日に皇太子、妃に従って、赤坂御苑に観菊、御宴の陪席を賜わる。同月、「中洲文稿第二集」発行。▼一二月、皇太子が九州を巡遊し、土産数種を賜わる。
明治三四年（一九〇一）	七二歳	一月、沼津の離宮に赴く。▼三月、皇太子に従って帰京し、また皇太子に従って葉山に赴く。▼四月二九日夜、後の昭和天皇降誕の内宴。五月三日、皇太子に従って帰京。五月五日に命名式があり、迪宮、裕仁と命名される。午後宮城に参賀、祝酒。▼六月、勲三等瑞宝章。同月、脳出血再発により休養。皇太子及び有栖川親王より慰問を賜わる。▼七月、従四位。▼八月、皇太子より魚価金三〇円の慰問を賜わる。▼一〇月、病癒え、皇太子及び妃に拝謁。両殿下は病を憐れみ隔日の進講を命ず。鎌倉の行宮にて侍講。▼一一月、皇太子に従って葉山に移る。▼一二月、帰京。同月、復、野崎武吉郎の養女太田美代子と結婚。

明治三五年（一九〇二）	七三歳	一月、講書始に「書経」を進講。葉山に赴く。八日、東宮開講。一七日、感冒に罹って帰京。▼二月、病癒えて再び葉山に赴く。▼三月、復、新婦と共に来訪。翌日、共に親類の小野随鷗を大磯に訪ねて江の島、鎌倉等の名勝を遊覧する。▼四月、皇太子に従って帰京。▼五月、郷友三浦泰一郎、復と牛島に藤を見る。同月、皇太子が七〇歳以上の老臣六人を召され、宴を賜う。▼六月、葉山に赴く。▼七月、淳宮の命名式。酒及び物を賜わる。同月、復が訪れたところ皇太子が特にこれを召され数種の物を賜わる。▼八月、皇太子と共に塩原に赴く。▼九月、帰京。召命をうけ再び塩原に赴き、皇太子と共に帰京。▼一〇月、皇太子に従って葉山に赴く。▼一一月、二等一級俸となる。
明治三六年（一九〇三）	七四歳	一月、葉山に赴き、また沼津に赴く。▼三月、葉山に赴き、四月、帰京。▼五月下旬、皇太子及び妃、大阪の博覧会に出席され、六月上旬に帰京され、土産を賜わる。同月、生歯の碑を郷里の中島及び高梁に建てる。▼七月、門人が二松義会を設立し、資金を募る。同月、皇太子、塩原に避暑。塩原で侍講。▼八月、休暇を賜わり帰京。▼一一月、皇太子は沼津に居り、召命をうけ侍講。
明治三七年（一九〇四）	七五歳	二月、沼津に赴く。同月、日露戦争始まる。▼三月、帰京。▼七月、復、東京帝国大学文科大学漢学科を卒業。▼一二月、沼津に赴く。
明治三八年（一九〇五）	七六歳	一月、沼津離宮に赴く。▼二月、川北梅山歿、八四歳。中洲哭詩を以て追悼。後に墓碑銘及び遺稿の序を作る。▼四月、皇太子主催の賀宴に出席。両陛下の観桜御宴に陪席。同月、奉天会戦に勝利。▼八月、休暇を乞うて夫人と箱根蘆の湯に遊ぶ。九月三日帰京。▼九月、日露戦争終結。▼一〇月、皇太子主催の日露戦争終結の賀宴に出席。▼一一月、感冒にかかる。皇太子及び妃鶏卵一箱を見舞いに下賜される。一二日、癒えて進講。二一日、皇太子及び妃、赤坂御苑に観菊御宴を催し、陪席を賜わる。皇太子、伊勢神宮を拝し、土産を賜わる。▼一二月、皇太子は呉軍港での進水式に臨み、土産を賜わる。この年、根本通明死去、八五歳。この年、伊勢遊学時代から手がける四書・易書詩・老子の私録三八冊、完成。
明治三九年（一九〇六）	七七歳	一月、講書始に「詩経」江漢篇を進講。酒及び綢一匹を賜わる。一六日、葉山の離宮に東宮開講。中洲は文明字義について進講。酒を賜わり、そのまま葉山にて侍講。▼二月一六日、帰京。二五日、再び葉山に赴く。▼三月、勅命により木戸公神道碑を撰文。▼五月、門人

		らが喜寿の祝宴を赤坂に設ける。二松学舎創立三〇周年、及び同門諸子の凱旋祝いを兼ねる。▼七月、正四位。▼一〇月、大蔵大臣阪谷芳郎、逓信大臣山縣伊三郎、文部大臣牧野伸顕が星岡茶寮に中洲を迎え、旧誼を謝す。中洲は一詩を作ってこれを謝す。この年、平塚雷鳥、日本女子大卒業後、二松学舎に入塾。
明治四〇年（一九〇七）	七八歳	一月、口頭に腫物ができ、皇太子より卵一五〇個の慰問を賜わる。二月に入っても完治せず、皇太子及び妃より再び慰問を賜わる。▼二月、葉山に赴く。▼三月、帰京。▼五月、痛風を患う。東宮に許しをえて湯河原温泉に療養。▼六月、帰京。同月、勅任一等となる。▼七月、東宮より七〇歳以上の老臣一〇名に晩餐を賜わり、中洲も同席。▼八月、那須温泉に行く。▼九月、帰京。同月、三七～八年の労を賞し、金一五〇円を賜わる。東宮の征露文書に賛をしたことに対するもの。▼一一月、贈位故賢記念会に「中江藤樹、伊藤仁斎両先生」を講演。
明治四一年（一九〇八）	七九歳	一月、葉山に赴き、三月帰京。▼四月、第二回孔子祭典会に祭主を務める。▼六月、勲二等瑞宝章。▼八月、二松学舎夏季講習会に「天地万物相食以生説」を講演。▼一〇月、東宮、東北を巡遊し土産数種を賜わる。大韓帝国の皇太子が千秋節の祝宴を開き、賀詩を献ずる。▼一一月、「道徳経済合一説」を哲学会で講演。この年「中洲文稿第三集」成る。
明治四二年（一九〇九）	八〇歳	二月、葉山離宮に赴く。▼三月、大磯で小野随鷗の建碑式に出席。▼四月、南摩羽峰歿、八七歳。同月、第三回孔子祭典会にて「孔子兼内修外修説」を講演。▼五月、八〇歳賀宴に皇太子及び妃より銀製菊花章煙草入れ及び金一万円を賜わる。▼八月、有栖川宮の招きに応じて猪苗代湖畔の宮家別邸に赴き「天鏡閣記」を撰文。▼九月、仙台に遊び、門人能勢萬・福沢定興らと松島を遊覧。帰京し東北旅行中の詩五〇首をまとめて「天鏡余影」を著す。▼一〇月、伊藤博文ハルピンで死す。中洲哭詩を以て追悼。▼一一月、岡山県人が八十寿宴を偕行社にて開催。同月、「中洲講話」「唐宋八家文段解」出版。依田学海歿、七七歳。この年、復、二松学舎舎長となる。
明治四三年（一九一〇）	八一歳	一月、講書始に「論語」禹吾無間然章を進講。東宮に「文武合一説」を進講。同月、東宮の葉山避寒に従う。末松謙澄より伊藤博文遺愛の明人顔廷榘の書幅を贈られる。▼四月一日、帰京。▼八月、諏訪、伊那、松本に遊び、「鵞湖漫藻」を著す。▼九月、帰京。同月、

		兄嫁多喜子歿、七九歳。▼一二月、木戸孝允神道碑の撰文に対して、宮内省より五〇〇円を賜わる。重野成斎歿、八四歳。
明治四四年（一九一一）	八二歳	一月、講書始に「周易」大有卦を進講。一三日、皇太子に「君子重言行」を進講。皇太子よりこの語を大書して賜わる。同月、財団法人二松義会成る。このことを聞かれた皇太子より三百円を賜わる。▼三月下旬、感冒に罹り、四月末になっても完治せず、皇太子より慰問品を賜わる。五月に完治。同月、従三位。▼四月、「中洲文稿第三集」刊行。▼八月、伊豆伊東温泉に行き、月末に帰京。同月、従三位。▼一〇月、大阪の懐徳堂で中井竹山以下の記念祭を挙行、名誉会員となる。山田方谷は佐藤一斎及び丸川松隠に学び、この二人はいずれも竹山に学んだ関係により、中洲の学もここに淵源をもつ故である。▼一二月二日、帝国教育会が中洲を名誉会員に推す。三日、二松学舎三五周年の宴を行う。参会者およそ一〇〇〇人。
明治四五年（一九一二）	八三歳	一月、皇太子の葉山避寒に従う。▼三月、帰京。▼四月、第六回孔子祭典会に祭主を務める。▼五月七日、皇太子に召され晩餐を賜わる。▼七月、明治天皇崩御。皇太子践祚。▼九月、東宮侍講職が廃止され、あらためて宮内省御用掛を命じられ、実質的に侍講職を継続。年金一五〇〇円に加えて恩給一〇〇〇円を賜わる。▼一二月、明治天皇の遺品として金製紐釦、銀製煙草入れを賜わる。同月、妻沢子歿、七二歳。大正天皇、詩を以て弔問。
大正二年（一九一三）	八四歳	七月二日、葉山離宮にある両陛下の召しに応じて侍講。二四日に帰京。二五日、車から落ちて負傷。大正天皇、詩を以て慰問し、侍医頭に往診を命じる。▼八月、傷は癒えるが疲労感が残り、両陛下より再び慰問の品を賜わる。▼九月、暇を乞うて湯河原温泉に療養。▼一〇月、帰京。▼一一月より参内し天皇の政務の暇に毎週一、二度侍講。
大正三年（一九一四）	八五歳	一月、講書始に「書経」無逸篇首三節を進講。一三日、暇を乞うて湯河原温泉に行き、二六日に帰京。▼六月、『日本外史論文段解』刊行。▼七月、明治天皇の遺品五品、水晶彫刻杖、赤間関彫竜石硯、大筆、彫竜唐墨、金製亀を賜わる。二六日から発病、八月中旬まで病臥。▼九月、暇を乞うて湯河原温泉に行き、一〇月に帰京。▼一一月、第八回孔子祭典会の祭主を務める。同月、再び発病。▼一二月に治癒。一三日、両陛下より雪中山水図、綢一匹、金一万円を賜わる。同月、『論学三百絶』刊行。

大正四年（一九一五）	八六歳	二月に感冒に罹り、約一ヶ月で治癒。▼三月、湯河原温泉に行き、四月末に帰京。▼五月から毎日曜、月曜に参内し進講。▼六月、参内時に階段を踏み外して転倒。発語、歩行が不自由となる。▼七月、職を退く。宮内省御用掛はこれまで通りで、宮中顧問官となる。特旨により一万円が下賜され、二松学舎資金に充てる。▼一一月、大正天皇の京都における即位式に賀詩を献ず。▼一二月、勲一等瑞宝章、銀杯及び金二五〇〇円を賜わる。
大正五年（一九一六）	八七歳	一月、絵原村荘に避寒。▼三月、帰宅。▼七月、絵原村荘に避暑。▼八月、帰宅。この年、斎藤拙堂の碑銘を撰文。
大正六年（一九一七）	八八歳	一月、『論語講義』刊行。▼四月、米寿の寿宴を絵原村荘に開く。▼五月、旧高梁藩士の開いた寿宴に出席。▼同月「中洲文稿第四集」発行。▼六月、二松会、寿宴を開く。▼一一月、山田方谷の来簡を三〇巻に纏める。
大正八年（一九一九）	九〇歳	一月、自撰の碑銘を撰文。▼四月、「絵原有声画集」編纂。▼五月一二日歿。正三位、旭日大授章。▼七月、妹増歿、八七歳。

（『二松学舎六十年史要』所収「中洲三島先生年譜」を基に作製。文責町泉寿郎。）

あとがき

三島中洲の生涯を、大きく四つに区分すると、一八三一年の生誕から学問で身を立てるまでの幼年少年修行時代、一八四八年に牛麓舎の塾長となってから一八七二年に上京するまでの地元の藩士教師期、東京で司法官に着任し、一八七七年に大審院判事を辞任するまでの司法官僚時代、そして一八七七年に漢学塾二松学舎を、現在の千代田区三番町に開いて子弟を集めた、二松学舎時代であろうか。

現在の二松学舎大学一号館二号館がある場所が、三島中洲の邸宅の一部であり、ここに一八七七年、漢学塾二松学舎を三島中洲は開いたのであった。実はそれ以前にも、藩士教師時代の一八六一年に、現在の岡山県高梁市に私塾虎口渓舎を開いている。しかし、三島中洲が上京する時に、その虎口渓舎は閉じることになる。この私塾も多くの門下生が集まったようで、「日本教育史資料」二にはそうした記載がある。しかしここでの一一年間に及ぶ子弟教育は、三島中洲の上京により中断し、三島中洲は東京で司法官僚となった。明治五年八月中旬、西暦でいうと一八七二年九月の中旬、三島中洲四一歳の時である。

この小誌を「三島中洲入門」として、案内したのは、彼の代表的な著作である「中洲講話」（一九〇九年一一月刊行、文華堂書店）の中から、第一部として、三編を選び、二松学舎開塾に当たって漢学の意義を記した文章を併せて、日本漢学の研究者である町泉寿郎文学部教授に現代語訳していただいた。現代の読者が手にしても親しみやすいようにしていただいたのである。そして、第二部として、主として「二松学舎大学新聞」に掲載された文章から選び、再録した。さらに、渋沢栄一「論語と算盤」で、三島中洲が登場している箇所を収録した。もちろん、小誌は、特に三島中洲の思想の解説をあてて入門としたわけではない。三島中洲がどんなことを考え、またどのような人たちと交流していたのかを、本人の文章や彼にまつわる文章からわずかでも知ってもらいたいと思い、編集したものである。さらに、小誌のためにまとめた三島中洲の年譜で、彼の足跡をたどりながら、ここに採録した文章を重ね合わせて欲しいのである。

また、三島中洲をもう少し異なった角度から眺めてもらいたいと思い、先の文華堂書店の書籍に掲載された、この「中洲講話」の広告文を取り上げたい。宣伝のために当時の三島中洲について小さくまとめられた文章である。

三島中洲先生は當代の耆宿なり、先生幼より幕末の俊傑山田方谷子に從つて、王陽明良知の學を受け、更に伊勢に江都に遊学し、異能卓茂の士と交りて相砥礪琢磨し、後に藩に朝に仕へて會計を理し、訴獄を斷じ、紛錯艱難上より益其學を精錬せられたり。

而して今は則ち、東宮侍講となり、日に、皇儲に侍して君徳を養成するを以て任ぜられる、世或は、先生の文章の大家たるを知りて學識の深高を識らざる者あり、或は其陽明學を奉ぜらるゝを知りて、紛錯艱難によりて其學を大成せられたるを識らざる者あり。

この広告文、実は「中洲講話」の巻末にも掲載されている文章である。あえて、旧字旧かなで、引用してみた。わからない漢語があれば、ぜひ漢和辞典を利用していただきたい。

最後に、もう少し専門的に三島中洲を調べてみたいと考えた読者のために、主な先行研究の書籍リストを次に掲げることにした。併せて活用されるならば、編者としては、その冥利に尽きる。

江藤茂博

山口角鷹編『三島中洲――二松学舎の創設者』一九七七年、学校法人二松学舎
山田琢・石川梅次郎著『山田方谷・三島中洲』一九七七年、明徳出版社
二松学舎大学刊行『陽明学』四号、「三島中洲特集」一九九二年、二松学舎大学
戸川芳郎編『三島中洲の学芸とその生涯』一九九九年、雄山閣出版

【編著者】

江藤茂博（えとう・しげひろ）

立教大学大学院文学研究科博士課程満期退学、博士（文学）／二松学舎大学。現在、二松学舎大学文学部教授。最近の業績に、「染付文様に見る職人往来の様相」（『東方美術 第二号』東方学術研究センター編、言視舎、2023年）、『読む流儀――小説・映画・アニメーション』（言視舎、2020年）、『講座 近代日本と漢学　第二巻　漢学と漢学塾』共編（戎光祥出版、2020年）、『講座 近代日本と漢学　第八巻　漢学と東アジア』（編、戎光祥出版、2020年）などがある。

町泉寿郎（まち・せんじゅろう）

二松学舎大学大学院文学研究科博士課程修了、博士（文学）。現在、二松学舎大学文学部教授。最近の業績に、『日本近世医学史論考』Ⅰ・Ⅱ（武田科学振興財団杏雨書屋、2022年）、編著に『レオン・ド・ロニーと19世紀欧州東洋学』（日本漢学研究叢刊1、汲古書院、2021年）、『渋沢栄一は漢学とどう関わったか――「論語と算盤」が出会う東アジアの近代』（渋沢栄一と「フィランソロピー」1、ミネルヴァ書房、2017年）などがある。

二松学舎大学ブックレット No.1

三《み》島《しま》中《ちゅう》洲《しゅう》入《にゅう》門《もん》

2024年3月28日　初版発行

編著者　江藤茂博・町泉寿郎

発行者　二松学舎大学出版会

〒102-8336　東京都千代田区三番町6-16　二松学舎大学

発　売　図書出版みぎわ

〒270-0119　千葉県流山市おおたかの森3-1-7-207

TEL：090-9378-9120　FAX：047-413-0625

E-mail：hori@tosho-migiwa.com

https://tosho-migiwa.com/

印刷・製本　シナノ・パブリッシングプレス

ISBN 978-4-911029-08-4 C0391